EVOLUTION OF INDUSTRIAL STRUCTURE AND EMPLOYMENT STRUCTURE IN ECONOMIC GROWTH

经济增长中的产业结构与就业结构

张抗私 周晓蒙／著

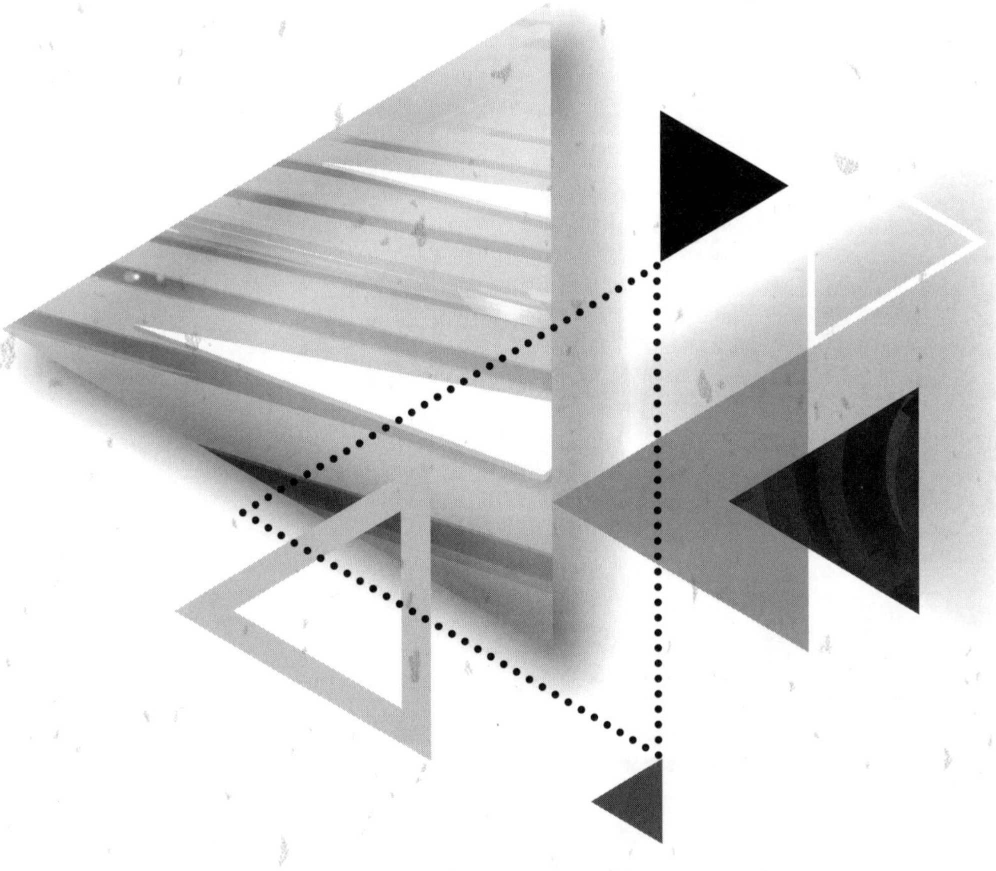

中国财经出版传媒集团

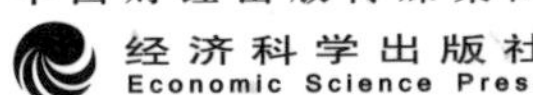

经济科学出版社
Economic Science Press

序言

习近平总书记在党的十九大报告中提出深化供给侧结构性改革，在此背景下，推动产业结构转型升级与劳动力要素优化配置是应有的题中之意，因此，研究中国经济增长过程中的产业结构与就业结构具有重大意义。我国关于产业结构与就业结构演进的文献不胜枚举，但对机制与成因的深入研究寥若晨星。故研究经济增长中的产业结构与就业结构的协调性，并从多角度剖析其形成机制，不仅能够丰富和拓展该领域的研究内容，同时也有利于促进供给侧结构性改革目标的实现，提升经济增长的质量和数量。

本书非常荣幸地得到了教育部人文社会科学重点研究基地重大项目“经济增长中的产业结构与就业结构研究”（11JJD790052）的支持，研究团队搜集了大量的资料，对前期成果进行了梳理，在此基础上构建了理论分析框架；投入大量的时间和精力对企事业单位进行田野调查，对微观个体进行问卷调查，并利用调研数据与权威数据库资源进行计量统计检验，从微观个体、企事业单位与行业产业多个研究层面和视角深入剖析中国经济增长中产业结构与就业结构的协调性问题，并为有效促进二者之间的相互推动提供政策建议。本书发现：产业结构与就业结构表现出互为牵拉的趋同效应，但目前就业结构与产业结构的协调性有待进一步提高，整体上就业结构的转变明显滞后于产业结构的转型升级，滞后时间为2年，其中，作为东北老工业基地辽宁省的就业结构滞后于产业结构的4年；人力资本与科技投入、市场化程度以及城镇化等是影响产业结构与就业结构的主要因素。因此，应从完善前瞻性教育布局、优化人力资本投资结构、加强第二产业内高新技术投入、发展现代服务业、消除劳动力市场制度壁垒以及促进城镇化等方面着手提高产业结构与就业结构协调性。

全书共九章。第一至第三章阐述研究背景和意义、理论基础以及国内外研究现状；第四至第六章，主要分析中国产业结构与就业结构的互动关系与演进趋势、辽宁省产业结构与就业结构的协调性；第七至第九章，主要研究产业结构变动以及产业结构与就业结构失衡的影响因素、基于人力资本视角对产业结构与就业结构失衡的微观分析。本书采用理论分析与经验检验相结合，既有对西方理论的评述也有对中国特色问题的思考，各部分内容交相弥证，层层深入。

本书由张抗私统筹撰写和修改，周晓蒙执笔，朱晨、高东方、李善乐、郭琦、于晗博士提供了相关论证，周晓蒙和朱晨负责承担书稿的文字校对工作。在此感谢团队各位成员的精诚合作，大家勤于思而敏于行，在学术研究中收获颇丰，为你们感到骄傲。感谢经济科学出版社齐伟娜编辑，是您的鼓励，促成本书稿顺利完成。感谢围绕著作出版台前幕后操劳的各位朋友们，是你们的大力支持，使本书顺利出版。

尽管我们已经付出百分之百的努力，但学术功底与专业积累尚浅，本书必然还存在许多不足之处；特别是团队多人参与编写和论证，使写作风格有所差异，虽经几番修缮仍不尽如人意，欢迎读者和学界同行的批评指正！

张抗私

2018年4月18日

CONTENTS 目录

第一章

导 言

第一节 研究背景

就业是民生之本，党的十八大报告在继续关注就业问题的同时，进一步指出要“推进实现更高质量的就业”，如何实现更高质量的就业？当前，扩大就业和提升就业质量方面仍然面临一些难题和挑战。从国际看，国际金融危机影响深远，世界经济复苏缓慢，各种形式的贸易保护主义抬头，对我国扩大就业、稳定就业的不利影响仍在持续。从国内看，经济增速趋缓，就业形势更加复杂，就业总量压力和结构性矛盾并存，高校毕业生等重点群体就业压力依然很大；企业原材料成本上升、用工成本增加，企业需求部分劳动者就业能力难以适应经济发展转方式、调结构的要求；就业公共服务能力难以满足人民群众日益增长的公共服务需求。

我国自从1978年改革开放以来，各方面得到了长足的发展，经济从2002年开始进入高速增长时期，特别是在2003～2007年，年经济增长率均达到了10%以上。目前，我国经济依旧处于转型时期，产业结构调整和升级正在进行，产业结构调整过程中就业仍然面临诸多难题，各地经济发展规划中就业政策仍需要进一步改进，经济政策对就业影响评价机制尚未建立，在传统产业升级、发展战略性新兴产业和发展先进制造业中扩大就业规模的目标并未同步实现，公共就业和人才服务体系建设仍需加强，人才服务基础业务流程仍然匮乏，公共就业和人才服务信息化建设仍显落后，服务质量和效率有待提高，等等，这一系列问题仍阻碍着就业质量的提高。因此，要努力营造公平的就业环境，促进产业结构升级与就业结构同步调整，促进人才优化配置，关注企业用工变化，是当前创新社会管理推进实现就业战略必要举措。

新古典增长模型中经济增长需要劳动、资本（物质资本、人力资本）等生产要素的投入增加或技术进步，而忽视了结构转变的因素。由于在新古典模型中，假设是竞争均衡的，所有生产部门的生产要素所产生的边际收益都相等，所以不会产生生产要素的流动，或者生产要素在不同生产部门间的流动对经济增长没有影响。而在现实中非竞争均衡条件下，不变要素投入和不变技术水平假设下，劳动和资本等生产要素从生产率较低部门向生产率较高部门的转移，对经济增长具有重要的作用。所以产业结构的优化升级可以促进经济增长，在此基础上，就业结构调整以适应产业结构的转变同样也可以促进经济增长。

20 世纪 80 年代前后，世界经济掀起了一股产业结构调整的浪潮，英国等国家走在了前列，较早实现了产业结构调整，表现为在国民生产总值的产业构成中，第一产业、第二产业所占比重下降，第三产业所占比重上升，相应的就业结构也随之变动。一些学者把英国产业结构变化的特点称为“产业结构的软化”。经过 20 多年的发展，一些发达国家已经完成了工业化进程，逐渐进入后工业化阶段，如美国、日本等均是如此。而一些发展中国家，如中国、印度等，在早期过分依赖指令性经济来完成工业化目标导致了全面低效率，以至于向工业化跨进的步伐依然十分艰难。因此，优化产业结构，调整从业结构是一些欠发达国家和地区的一项主要工作。

经济增长、产业结构以及就业结构三者之间是相互联系、相互影响的。现实经济中，发达国家往往具有比较发达的产业结构，而欠发达国家产业结构一般也比较落后，所以经济发展的核心问题经常与产业结构联系在一起。就一国的长期总量生产函数而言，经济增长与就业增长一般是正相关的，但是在中国，奥肯定律出现失效，原因是多方面的。产业结构与就业结构是相互联系和作用的。产业作为就业的载体，产业结构的变动必然要反映到就业结构的变动上来，因此就业结构往往被用作反映产业结构变化的一个基本指标而与产值结构并列。

现今我国经济快速发展，是要效率还是要就业？“经济均衡增长”和“充分就业”是宏观经济政策的两大目标，而这两个目标又直接映射出产业结构和就业结构的问题。就业结构和产业结构在相互影响、相互联系中不断变化。一方面，产业结构的调整引起产业的收益不同，从而带动就业结构随之发生变动；另一方面，产业劳动力的数量、质量分布及流动方式不同，又影响产业结构的变动。两者一般通过市场进行调节，然而市场调节并不是万能的，这时候就需要政府的产业政策弥补市场调节的局限性。因此，分析产业结构与就业结构的协调状况，对于制定、实施合理的产业和就业政策，保持经济稳定、健康、快速发展具有重要意义。

第二节 研究意义

经济增长、充分就业、物价稳定和国际收支平衡是宏观经济政策的四大目标，其中经济增长和充分就业是两个最重要的目标，各国政府都在积极采取各种政策措施，以实现经济持续稳定增长，增加就业和减少失业。中国是一个人口大国，在较长时期里，资源禀赋的比较优势在于劳动力。中国经济结构选择的实质是按照劳动力比较优势选择生产模式，从劳动密集型生产模式向引进技术、模仿成熟技术、消化吸收、创新技术的资金、技术型生产模式的渐进进化。这种渐进进化的生产模式和丰富的低成本劳动力供给是中国经济增长和综合生产率得以持续提升的奥秘。中国的经济增长一直依赖投资推动，使资本—劳动比率快速上升，并伴随资本—产出比率的上升。结果是投资收益率持续下降使资本形成对经济增长表现出不敏感，就业发展已严重滞后于经济增长。如何协调经济增长与就业发展的关系，是政府宏观调控的主要内容，也是理论界研究的热点问题。促进经济增长由主要依靠投资出口拉动向扩大内需，投资协调拉动转变的经济增长模式的构建，必须积极考虑就业发展问题。按照经济理论，经济增长与就业之间存在着密切的联系，即经济增长越快，创造的就业机会越多，就业增长也就越快，经济增长与就业增长之间存在着正的相关关系。然而，我国的经济实践表明：短期内，单纯依靠经济总量的增长已经不能完全解决就业问题。一些学者的研究发现，改革开放以来，我国就业弹性总体呈下降趋势，这说明：经济增长对就业（至少对显性就业）的拉动作用正在不断减弱。

然而，是什么原因导致我国的经济增长与就业增长不同步？这个问题促使学者转变思路，另辟蹊径，从体制改革、产业结构调整等方面思考解决就业问题的新途径。其中，对经济增长的产业结构进行分析是一个值得注意的方向。它通过研究产业结构与就业结构在演变过程中的互动关系找出产业结构调整、优化升级与扩大就业之间的联系。一方面，产业结构的调整引起产业的收益不同，从而带动就业结构随之发生变动；另一方面，产业劳动力的数量、质量分布及流动方式不同，又影响产业结构的调整，进而又影响经济的发展。改革开放以来，我国经济增长与产业结构的演变及相互关系是怎样的，经济增长与就业增长的相互关系如何，经济增长、产业结构与就业三者之间又存在着什么样的互动关系，如何解决经济增长中的产业结构调整和就业问题等，已经成为学术界、政府和民众关注的重要问题。随着我国需求结构的升级、技术进步以及世界性产业结构的转移，我国产业结构调整力度不断加大。而我国特殊的国情，如空前规模的劳动力总量、普遍较低的文化素质、典型的二元经济结构、传统体制和就业观念的影响以及市场体系不健全等因素，又造成了就业结构转换的困难，导致我国就业结构与产业结构的不协调，从而影响未来我国产业结构的优化升级。对我国转型期产业结构变动，分析其变动对就业的影响，并从产业结构调整入手提出解决我国就业问题的相应政策建议，对缓解就业压力，扩大就业及经济发展和社会稳定具有重大现实意义。

第二章

经济增长、就业结构与产业结构的经典理论

产业结构和就业结构合理演进的实质是资源优化配置，更好地促进经济发展和增加就业。经济增长过程中，需求结构不断产生新变化，供给结构随之而改变，加之生产技术的进步，产业结构也不断进行着调整演变，对就业结构的调整演变起着主导作用。若由于劳动力市场不完全，劳动力质量不能满足产业升级的要求，劳动结构的调整演变就不能适应产业结构的调整演变，从而造成劳动力不能充分就业，制约了经济的增长和发展。因此，研究产业结构和就业结构如何合理地互动演变，具有重要的理论意义和现实意义。

产业是指具有某种同类属性的经济活动的集合，随着社会分工的产生和发展而不断地发展。这种"同类属性"在需求方面上是指能够在某种程度上相互替代和竞争，供给方面是指生产技术工艺相近。产业结构概念出现于20世纪40年代，可用来分析各个产业间的关系和产业内部的企业关系。日本在经济复兴时期（1945~1960年）开始制定产业政策，将产业结构概括为产业之间的关系结构。产业组织理论创始人贝恩（J. S. Bain）在其《产业结构的国际比较》一书中认为，产业结构的研究应规范在产业内企业和企业之间的关系上。对产业结构研究逐步深入的基础上，产生了研究产业结构的两种方向：一是关注产业间的技术联系和变化趋势，在国民经济中主导产业的更替和结构变化规律；二是关注各产业间投入产出的比例结构及其发展演化。

国际劳工组织对就业的定义为：一定年龄阶段的人群所进行的活动是以获得劳动收入或以营利为目的的。就业结构指劳动力在国民经济中各行业、各年龄段、各区域等分布的比例状况及相互关系。本书所研究的就业结构是指劳动力在各产业分布和构成比例，它与产业结构的调整、产业政策制定和经济增长密切相关。

第一节　产业结构理论的形成

英国经济学家威廉·配第（William Petty）最早研究产业之间的关系。1690 年，他在《政治算术》中研究了当时农民、工人等的收入，得出的结论是商业的收入多于制造业，制造业的收入多于农业。劳动力由于收入差距的驱使，会从农业流动到制造业，之后再向商业流动。配第只描述了劳动力转移的现象，未能深入分析人均国民收入变动和结构变动的关系。

19 世纪，德国统计学家恩斯特·恩格尔（Ernst Engel）在研究家庭消费支出时发现，伴随着收入水平的提高，家庭花费在食品上的支出占家庭总支出比例逐步下降，被称为“恩格尔定律”。它揭示了社会收入水平的变化对居民消费结构的影响，从而影响到一国的产品供给结构和产业结构。

德国经济学家 W. G. 霍夫曼（W. G. Hoffmann）在 1931 年出版了《工业化的阶段和类型》一书，认为可以将产业分类为生产资本资料的产业、生产消费资料的产业和其他产业。又进一步提出了被称为“霍夫曼比例”的概念，即生产消费资料产业的产值和生产资本资料产业的产值之比。霍夫曼通过计算得出，在工业化进程的过程中，霍夫曼比例不断下降，即工业化程度越高，霍夫曼比例越低，被称为“霍夫曼定理”。

在霍夫曼研究的基础上，1964 年日本学者盐野谷佑一（Yuichi Shionoya）发表论文《美国和瑞典的工业增长模式》探讨重工业化问题。他以“商品流动法”为原则，将全部产业产出分为资本资料和消费资料两大类，克服了霍夫曼对于“其他产业”分析的缺陷。通过对霍夫曼的系数计算，盐野谷佑一得出结论：（1）从美国、瑞典等工业化国家的长期数据来看，资本资料生产比重较为稳定。（2）普遍存在着重工业化趋势。（3）霍夫曼定律在日本的工业化初期阶段得到印证。

英国著名经济学家阿尔弗雷德·马歇尔（Alfred Marshall）在《经济学原理》（1890）等著作中，提出“组织”这一概念，作为第四种生产要素。“组织”包括企业间、企业内、产业间等多元结构的内容。马歇尔研究了某一区域的产业集中所带来的产量大幅增加的同时平均成本的减小，称之为“规模经济”，“规模经济”又与“组织”相关。马歇尔在产业结构理论中的贡献表现在首先提出第四种要素“组织”，接近于“产业结构”概念，讨论了“专业分工”“外部经济”“大小企业共存”等现代产业结构理论研究的问题。

美国经济学家张伯伦（Chamberlin）和英国经济学家琼·罗宾逊（Joan Robinson）在1933年分别出版了《垄断竞争理论》和《不完全竞争经济学》，摒弃了完全竞争市场假设，提出了位于完全竞争和完全垄断两种极端之间的垄断竞争市场形态。其中张伯伦提出的概念和观点成为现代产业结构理论的基础。张伯伦对完全竞争和完全垄断以及垄断竞争做出具体分类，对不同产业之间的联系做了分析，描述了价格，效率、利润在不同市场结构之间的差别。

英籍新西兰经济学家费希尔（Fisher）1935年出版了《安全与进步的冲突》一书，首次提出了三次产业的划分方法，并给出了划分依据。费希尔将人类经济活动划分为三个阶段：第一阶段的活动主要是为了满足人们生活基本需要，以农业、畜牧业生产为主，是初级产品生产阶段，称之为第一产业；第二阶段的活动主要是为了满足人们生活的进一步需要，以大规模工业化生产如纺织、钢铁等产业的发展为基础，是对原材料进行加工阶段，称之为第二产业；第三阶段的活动主要是为了满足人类除物质资料以外的更高级需求，科学、教育、艺术、娱乐和旅游等服务产业大发展，称之为第三产业。

英国经济学家科林·克拉克（Colin Clark）受到费希尔启发，在1940年《经济进步的条件》一书中对三次产业分类方法做出详细说明。克拉克认为第一次产业主要以自然界为劳动对象，包括种植业、林业、渔业和畜牧业等；第二次产业主要是对取自于自然界的物质进行加工，包括采掘业、矿业、制造业和建筑业等；第三次产业主要是对非自然界物质或无形物质领域的生产活动，包括教育、科学、金融业、批发零售业、通信业和运输业等。克拉克还以三次产业分类法为基础，对40多个国家的三次产业总产出与劳动总投入在不同时期的变化做了深入分析，发现在经济发展的过程中，随着人均收入的提高，劳动力会从第一次产业流动到第二次产业，再从第二次产业流动到第三次产业，促使产业结构发生改变。人们把配第定律及其“印证”的结论合称为配第—克拉克定律。配第—克拉克定律所做的研究只是停留在了变化方向的层面上，对其变化的“量”的度量还没有系统的研究。

第二节　产业结构演变规律及其对就业结构的影响

一、库兹涅茨的“产业结构变动趋势分析”

美国经济学家库兹涅茨（Kuznets）在克拉克等经济学家的研究基础上，1971年出版了《各国的经济增长：总产值和生产结构》一书，收集、分析了包括发达国家和发展中国家在内的大量数据资料，从部门产值结构和劳动力就业结构两个方面对人均国民收入和结构变动的关系作了更为透彻地考察。库兹涅茨把三次产业分别称为农业、工业和服务业，认为：（1）随着人均收入的增长，农业增加值占总产值的比重和农业劳动人口占总劳动人口的比重一样逐渐下降。（2）在工业化进程中，工业增加值占总产值的比重和工业劳动人口占总劳动人口的比重都会上升，但前者上升的速度快于后者。当进入工业化后期时，两者的比重均会下降。（3）服务业增加值所占总产值的比重和服务业劳动人口占总劳动人口的比重会一直上升，工业化前期和中期，后者的上升速度会更快。库兹涅茨的研究揭示了农业劳动人口占总劳动人口的比重不断下降，进入到工业化后期以后，第二产业吸纳劳动力的能力也将衰弱，只有第三产业可以大量吸纳劳动力。库兹涅茨还提出了相对劳动生产率的概念，即三次产业产值比重和三次产业劳动就业比重之比。表2－1是库兹涅茨所做的统计研究，随着人均收入的提高，产业结构、就业结构和相对劳动生产率的变化情况。

表 2-1　　　　　　　库兹涅茨模式

人均 GNP（1958 年美元）	产值比重（%）			就业比重（%）			相对劳动生产率		
	第一产业	第二产业	第三产业	第一产业	第二产业	第三产业	第一产业	第二产业	第三产业
70	45.8	21.0	33.2	80.3	9.2	10.5	0.57	2.28	3.16
150	36.1	28.4	35.5	63.7	17.0	19.3	0.57	1.67	1.84
300	26.5	36.9	36.6	46.0	26.9	27.1	0.58	1.37	1.35
500	19.4	42.5	38.1	31.4	36.2	32.4	0.62	1.17	1.18
1000	10.9	48.4	40.7	17.1	45.3	37.6	0.64	1.07	1.08

资料来源：库兹涅茨：《各国的经济增长》，商务印书馆 1985 年版。

二、钱纳里产业结构和就业结构的标准模型

美国经济学家钱纳里（Chenery）对产业结构和就业结构转变的问题也进行了深入的研究。1975 年钱纳里和赛尔奎因合写了《发展模式：1950—1970》一书，采用了一般均衡的结构变化模型，根据 101 个国家的数据，通过分析包含 130 个变量的 20000 个观察数据，描述经济增长过程中产业结构变化规律的“标准结构”。“标准结构”揭示了在经济发展的不同阶段，有与之相适应的不同的产业结构和就业结构（见表 2-2、表 2-3）。这为分析、评价不同国家和地区经济发展过程中产业结构的合理与否提供了参照。

表 2-2　　　　　钱纳里、艾金通和西姆斯模式

人均 GDP（1964 年美元）	产值比重（%）			就业比重（%）			相对劳动生产率		
	第一产业	第二产业	第三产业	第一产业	第二产业	第三产业	第一产业	第二产业	第三产业
100	46.3	13.5	40.1	68.1	9.6	22.3	0.68	1.41	1.80
200	36.0	19.6	44.4	58.7	16.6	24.7	0.61	1.18	1.80
400	26.7	25.5	47.8	43.6	23.4	33.0	0.61	1.09	1.45
600	21.8	29.0	49.2	34.8	27.6	37.6	0.63	1.05	1.31
1000	18.6	31.4	50.0	28.6	30.7	40.7	0.65	1.02	1.23
2000	16.3	33.2	49.5	23.7	33.2	43.1	0.69	1.00	1.15
3000	9.8	38.9	48.7	8.3	40.1	51.6	1.18	0.97	0.94

资料来源：Chenery，H. B，H. Elkington and C. Sims，A Uniform Analysis of Development Pattern，Economic Development Report，No. 148，Harvard University，1970.

表 2-3　赛尔奎因和钱纳里模式

人均 GDP（1980 年美元）	产值比重（%）			就业比重（%）			相对劳动生产率		
	第一产业	第二产业	第三产业	第一产业	第二产业	第三产业	第一产业	第二产业	第三产业
<300	48.0	21.0	31.0	81.0	7.0	12.0	0.59	3.00	2.58
300	39.4	28.2	32.4	74.9	9.2	15.9	0.53	3.07	2.04
500	31.7	33.4	34.6	65.1	13.2	21.7	0.49	2.53	1.59
1000	22.8	39.2	37.8	51.7	19.2	29.1	0.44	2.04	1.30
2000	15.4	43.4	41.2	38.1	25.6	36.3	0.40	1.70	1.13
4000	9.7	45.6	44.7	24.2	32.6	43.2	0.40	1.40	1.03

资料来源：Syrquin，M. and H. B. Chenery，Three Decades of Industrialization，World Bank Economic Reviews，1989，Vol. 3.

钱纳里、鲁滨逊和塞尔奎因在 1986 年出版的《工业化和经济增长的比较研究》一书中进一步阐述了“发展模式”的理论和方法。

第一，提出了影响产业结构变动的因素：以恩格尔定律为理论基础的需求结构的变动，以要素禀赋以及比较优势理论为基础的贸易结构的变动，以中间产品替代原材料的比例结构和生产率提高为基础的技术水平的变动。在经济发展的不同阶段，每种因素对经济增长贡献的相对重要性是不相同的。

第二，总结了工业化贸易政策的三种主要类型：外向型、内向型和中间型，阐述了贸易政策和经济发展战略决定结构转变，进而影响经济增长绩效。实行不同贸易政策和发展战略的国家，产业结构变化的方向和速度也各不相同，各个因素对经济增长的贡献率也各不相同。

第三，根据 34 个工业化进程中的国家或地区的经济发展数据分析，阐述了工业化过程要经过六个阶段，并伴随着产业结构的转变。六个阶段分别是：传统社会阶段、工业化初期阶段、工业化中期阶段、工业化后期阶段、后工业化社会阶段和现代化社会阶段。

钱纳里等人对产业结构的研究和库兹涅茨的研究都是在普遍性的经验事实基础上揭示了一些经验性规律和产业结构演进的一般趋势。但钱纳里等人的研究在研究内容的广度和深度上有了很大进展，研究方法上也做了改进。如在关于产业结构转变因素方面，对本质的需求因素，补充了重要的“中间需求”因素，从而对恩格尔系数方法做了较大修正。对不同国家或地区采取的不同的贸易政策和经济发展战略对产业结构转变的影响做了详细分析。

三、二元经济结构下的劳动力转移问题

20 世纪 50 年代以来，学者们开始注重研究发展中国家或地区的经济增长模式，二元经济结构的概念逐步形成。“二元结构”的概念最早由伯克（J. H. Booke）在其著作《二元社会的经济学和经济政策》中提出。伯克研究摆脱了荷兰殖民统治后的印度尼西亚的经济社会状况，生产力落后，主要依靠劳动力手工生产。与此相对应的是少数城市工业部门，依靠资本和机器大生产，生产力水平高。传统农业部门和现代工业部门不仅在生产方式和生产技术上存在差别，在组织形式和社会文化上也存在很大差别，显示出二元结构的特征。伯克对二元结构的研究仅是描述性的，随后的学者从不同角度深化和完善了二元结构的理论。

（一）工业化带动理论

美国经济学家 W. A. 刘易斯（W. A. Lewis）1954 年发表了论文《无限劳动力供给条件下的经济发展》，研究了发展中国家所特有的二元经济结构：一元是劳动力效率低下，收入仅能维持基本生活的传统农业部门；另一元是劳动生产率高和劳动工资福利好的采用现代化生产方式的城市工业部门。他提出了人口流动模型，假设条件是：农村存在大量闲置的劳动力，城市现代化工业生产效率高，收入和利润高；劳动力转移过程中不存在转移成本。刘易斯最后得出结论：随着城市现代化工业的发展，由于相对于传统农业收入高很多，在不存在劳动力流动障碍的前提下，劳动力会源源不断地从农村转移到城市，直到农村劳动力转移殆尽。此时，传统农业劳动力效率得到了提高，农民收入水平上升，和现代化工业工人收入相比等同，劳动力流动停止，二元经济结构消失。

刘易斯的理论在分析我国劳动力流动时存在局限性：第一，他认为城市存在充分就业，若城市现代化工业部门未能将积累的资本全部投入扩大再生产或投入到新的机器设备上，形成对劳动力的替代，农民在城市就不能充分就业。第二，他认为城市工资保持不变，实际情况是城市现代化工业部门劳动工资在大幅提升。第三，各国制度环境不一样，尤其是中国存在着户籍制度和社保等门槛，农村劳动力不能充分自由流动。

费景汉（John C. H. Fei）和古斯塔夫·拉尼斯（Gustav Ranis）在1961年发表了论文《经济发展的一种理论》。这篇论文改进了刘易斯的二元经济模型中忽略的农业部门发展、技术的要素偏向、技术进步和人口自然增长等缺陷，论述了就业结构在经济结构转换过程中变化的阶段和条件。他们把劳动力转移过程划分为三个阶段：第一阶段，工业部门源源不断地吸收农村剩余劳动力；第二阶段，农村劳动力转移到一定程度，农业品价格上升，工业部门工资也开始上升，限制了农村劳动力转移和工业部门的扩张；第三阶段，农村剩余劳动力吸收殆尽，农业劳动生产率大幅提高，农业由传统农业转变为现代农业。

20世纪60年代末到70年代初，从发展中国家农村人口流入城市和城市失业率同步增长的矛盾现象出发，美国经济学家托达罗（Todaro）于1970年克服了费景汉—拉尼斯模型中假定城市部门充分就业，农业部门剩余劳动力被吸收完毕之前，传统农业部门和现代化工业部门工资水平不变的不足，创立了人口流动动态模型。托达罗认为，源于城乡收入差距和在城市能够找到工作的可能性，产生了城乡劳动力的流动。随着传统农业部门劳动力逐渐向城市现代工业部门转移，城市新增就业机会就会减少，最后城市失业率稳定在某一个固定的水平上，农村劳动力根据预期收入和在城市找到工作的可能性以及迁移成本来选择是否向城市流动。

（二）现代要素引入理论

美国经济学家舒尔茨（Schultz，1961）提出了现代要素引入论，他研究和比较了发达国家和发展中国家在工业化进程中现代要素的引入与配置，认为传统农业实现现代化是二元经济结构改变的前提。要实现传统农业的现代化，需要现代生产要素的引入，这就需要农民能够掌握新的知识和技能，需要农民增加人力资本投入。提高农民人力资本可以通过健康保健、迁移和教育培训等方面的投入。城乡二元经济持续的主要原因在于城乡的人力资本投入差别很大，增加传统农业部门劳动力的人力资本投入，提高其综合素质，有助于逐步消除二元经济现象。

（三）技术诱导变迁理论

在舒尔茨的现代要素引入论的基础上，日本经济学家早见雄次郎和美国经济学家拉坦（HaYami and Ruttan，1971）提出诱导技术变迁理论，认为农业技术进步及其诱导能够促使农业部门现代化。发达国家拥有科学技术型的农业，能够改造和更新现存土地，使劳动生产率提升。而发展中国家的农业是自然资源型的，主要依靠土地和劳动力数量的投入。现代化农业技术升级的重点和技术引入的类型取决于生产要素相对价格的改变。如果某个国家或地区人多地少，就会倾向于引入提高单位土地生产率的农业技术，节约使用土地，如农业生物技术的引进。如果某个国家或地区地多人少，就会倾向于引入提高单位劳动生产率的农业技术，节约使用劳动力，如农业机械技术的引进。这是从节约成本的角度产生的技术引进的激励，是一种诱导性变迁，而非强制性变迁。

（四）核心—边缘关系理论

二元经济结构不仅存在于部门之间，20 世纪 50 年代，经济学家发现二元经济结构还存在于区域之间。一些区域现代化工业部门发展迅速，从邻近地区进口原材料，出口工业制成品，相对于邻近区域这些区域处于核心地位，被称为核心区域。相反，另外一些区域仍然以传统农业部门为主，进口工业制成品，出口原材料，相对于核心区域这些区域处于从属地位，被称为边缘区域。瑞典经济学家缪尔达尔（Myrdal，1957）提出了核心—边缘关系理论。该理论指出核心和边缘区域之间存在两种效应。一种称之为回波效应，核心区域从边缘区域输入原材料、初级产品和廉价的劳动力，向边缘地区输出高附加值的资本、技术和工业制成品。边缘地区生产效率低，要素回报少，资本和劳动就会流入核心地区，致使强者恒强、弱者恒弱，加剧了核心和边缘地区的二元经济结构。另一种称之为扩散效应，核心区域和边缘区域之间的贸易和要素的流动增强了区域之间的联系，边缘区域可以吸收核心区域的先进技术和科学管理。在核心区域的带动下，边缘地区获得后发优势，又能够缓解核心和边缘地区的二元经济结构。缪尔达尔研究了区域初始条件的不同引致劳动、资本等生产要素和产品在区域之间的流动，突破了刘易斯分析的局限。

第三节　研究方法和研究指标

一、投入产出分析法

美国经济学家华西里·里昂惕夫（Wassily Leontief）首先提出投入产出分析法，用来分析产业结构和就业结构的变化。投入产出分析为研究社会生产各部门之间相互依存关系，特别是为系统分析经济内部各产业之间错综复杂的交易提供了一种实用的方法。1936 年，发表的论文《美国经济体系中投入产出的数量关系》，阐述了美国 1919 年投入产出表的编制工作，提出了投入产出理论和相应的模型，以及资料来源和计算方法。1941 年，出版了投入产出分析的第一部专著《美国经济的结构，1919—1929》。随后 1953 年出版了《美国经济结构研究》，1966 年再次出版了《投入产出经济学》，这两本著作建立了投入产出分析体系。基于一般均衡理论，投入产出分析法利用投入产出系数和投入产出表来分析某部门经济活动对其他部门经济活动所产生的影响，是一种静态的方法，以同质性为分析的前提，具有一定的局限性。

二、结构分解法

钱纳里在 1986 年出版的《工业化和经济增长的比较研究》中运用投入产出分析、一般均衡分析和经济计量方法，通过建立多国模型，比较了第二次世界大战后发展中国家的工业化进程，分析了经济增长和结构转变之间的关系。此外，钱纳里（1988）还将结构分解模型（SDA）用来分析就业结构随时间的变化。他以投入产出恒等式为基础，把某些变量在不同时期投入产出数据进行比较，将其分解成不同的几个基本因素的变化，能够较为清晰地分析出变量变化的根源和各种基本因素对此变化的影响程度，包括直接影响和间接影响。

三、柯布—道格拉斯生产函数

美国数学家柯布（Cobb）和经济学家道格拉斯（Douglas）通过研究投入产出关系发现了重要的生产函数，将其研究成果发表在1928年《美国经济学评论》杂志上，命名为柯布—道格拉斯生产函数。它用来分析产出和要素投入、技术、制度等之间的数量关系，其中一种代表形式为：$Y = AL^{\alpha}K^{\beta}$，α 和 β 分别为劳动力和资本产出弹性系数，由此可见柯布—道格拉斯生产函数也可应用到产业结构和就业结构的互动变化的研究上来，通过计量检验，观察不同时期、不同地点的就业弹性系数的变化（Cobb and Douglas，1928）。

四、相关性分析

相关性分析是分析两个或多个变量的相互关系的统计方法。对于两个定距变量相关强度的测量值称为皮尔逊相关系数。当两个变量存在相关关系时，通过相关性分析可以将其相关的方向和程度计算出来。产业结构和就业结构的相关性分析，可以描述出一个地区在某一时间段之间三次产业结构和就业结构变动的规律，分析其协调性。产业结构和就业结构的相关文献中多用皮尔逊相关系数先对两者关系进行描述，作为后面的分析的前提。

五、结构偏离度

结构偏离度指标一般用来分析产业结构和就业结构之间的协调关系。产业结构偏离度的公式为：产业结构偏离度 =（三次产业产值构成百分比/

就业的三次产业构成百分比）-1。偏离度指标越接近于零值，表示产业结构与就业结构协调性越好，偏离度指标越远离零值表示产业结构与就业结构协调性越差。但是判断标准的前提是劳动力要素市场是完全的，可以无成本、无障碍地自由流动，最终达到各个产业的劳动生产率等同。现实中这些假设都不能得到满足，所以结构偏离度指标不能绝对化，可以当作一个参照标准。钱纳里、赛尔奎因等（1989）对三次产业结构和就业结构变动规律的研究，给出了对应于不同的人均产出产业结构和就业结构的比例，我们将数据带入公式可以求得相应的结构偏离度，可以观察一个国家或地区的产业结构和就业结构的协调程度。

六、相对劳动生产率

相对劳动生产率指某一产业比重和其所吸收劳动比重之比。随着经济的增长，各产业之间的产值比重发生变化，相应的所吸收劳动比重也产生变化，但是不能保证是同步的变化，就形成了不同产业间或产业内部不同部门间相对劳动生产率的差异。产业结构偏离度侧重于分析产业结构和就业结构的协调关系。而相对劳动生产率则侧重于分析各产业之间劳动生产率的不同和产生的原因。一般来说，相对劳动生产率越大，产业结构偏离度也越大。根据库兹涅茨（1971）、钱纳里等（1970，1989）的统计分析（见表2-1、表2-2），工业化进程中大多数国家第一产业的相对劳动生产率低于1，第二产业和第三产业的相对劳动生产率高于1。随着人均产出的增加，第二产业和第三产业的相对劳动生产率逐渐下降，相反第一产业的相对劳动生产率逐渐上升，但始终低于第二产业和第三产业的相对劳动生产率。

七、就业弹性

弹性指两个变量之间的变化率的比率。就业弹性指经济增长1个百分点拉动就业增长的百分比，反映经济增长对劳动就业的吸纳能力。三次产业的就业弹性反映出每个产业产值的上升吸纳就业的能力。就业弹性为正值时，弹性越大说明此产业的增长对就业的吸纳能力越强，反之则越弱。就业弹性为负值时，表明此产业产值的增长对劳动就业有“挤出”效应。就业弹性为零，说明此产业产值的增长对劳动就业没有影响。

第四节　产业结构和就业结构演进的政策建议

一、平衡发展模式

20世纪50年代，经济学界曾争论发展中国家发展采取平衡发展模式还是非平衡发展模式。主张平衡发展的经济学家认为应使产业平衡协调发展，将生产要素平衡地投入到经济活动的各个方面。保罗·罗森斯坦·罗丹（Paul Rosenstein Rodan）在《东欧与东南欧的工业化问题》一文中指出，由于资本的供给和市场需求的不可分，小规模的、分散的个别部门的投资不能解决经济发展问题，应当实行全部门的发展战略。在进行投资时，应按相同投资率投向各工业部门，这样可以避免某些工业部门发展过快，某些工业部门发展过慢，造成不同产品市场供给与需求不匹配，从而保证各部门之间平衡协调发展。罗格纳·纳克斯（Ragner Nurkse）在1953年出版的《欠发达国家的资本形成问题》一书中认为，发展中国家不能摆脱贫穷的原因在于陷入了恶性循环。从供给角度看，低的国民收入导致了低的储蓄率，从而投资所需的资本匮乏，只能发展低生产率的产业，而这样的产业又导致了低的国民收入。从需求角度看，低的国民收入使人们购买力不足，从而导致对投资的引诱不足，投资的减少导致生产率低下，结果又是低的国民收入。要打破这样的循环，纳克斯认为应当同时对国民经济的各个部门进行投资。因为只对某些部门投资，会造成这些部门的发展受到市场需求难以扩大的限制，而若各部门全面投资，结果是市场的全面扩大。

二、罗斯托主导产业理论

在产业结构调整方面，美国经济学家罗斯托（Rostow）提出主导产业理论，辅之扩散理论、经济成长阶段理论。罗斯托指出，经济增长能够在经济发展的任一阶段都能够保持，得益于主导产业部门迅速发展的结果。主导产业部门的发展具有产业的扩散效应，即可以带动其他产业部门的发展，包括前向效应、后向效应和旁侧效应。前向效应是指主导产业的快速发展能够通过规模经济有效降低单位中间产品的成本，为下游产业提供利润空间和产品技术服务。后向效应是指主导产业的快速发展能够带动上游工业部门产出的增加。旁侧效应是指主导产业部门的快速发展能够带动周围配套产业的发展，迅速推进工业化进程。1960 年、1971 年，罗斯托分别在《经济成长的阶段》《政治和成长阶段》中将一国或一地区的经济增长阶段分为 5 个和 6 个阶段。经济发展的 6 个阶段分别是传统社会阶段、为起飞创作前提的阶段、起飞阶段、向成熟挺进阶段、高额大众消费阶段和超越大众消费阶段。

三、赫希曼不平衡增长理论

赫希曼（Hirschman）在 1958 年出版的《经济发展战略》中提出了不平衡增长模型。他认为发展中国家由于资源是稀缺的，全面发展所有产业效率低下，应该把有限的资源投入到某些对国民经济有重要影响的产业，使资源能够最大限度地满足经济增长需要，此即为经济的不平衡增长。重点发展的产业要符合赫希曼基准，也称关联效应标准，即要重点发展的某产业的经济活动一定是能够最大程度带动其他相关产业发展的经济活动。产业关联强度的衡量标准是投入产出分析法中的感应度系数和影响力系数。赫希曼认为主导产业应选择感应度系数和影响力系数较大的产业。

四、筱原三代平动态比较成本说

日本经济学家筱原三代平提出动态比较成本说。他认为，产品的比较成本会随着经济的发展而产生变化，有些产业对国民经济有重要意义，现在处于劣势地位，但有很大发展潜力，将来可以处于优势地位，政府就应该扶持其发展，从而带动经济增长。筱原三代平于 1957 年发表论文《产业结构与投资分配》，阐述了具有动态比较成本优势的产业需要具有“生产率上升基准”和“收入弹性基准”。前者是指政策应偏向于技术进步率高和生产率提升迅速的产业，使其产值比重提高，逐渐成为主导产业。后者是指把那些需求收入弹性高的产业作为优先发展产业，随着人均收入的提高，此产业的产品市场需求快速扩张，可以为其提供成长的空间。日本政府根据这一观点制定了相应的产业政策，如日本的汽车产业振兴政策，在实践中取得了巨大的成功。

五、赤松要“雁行产业发展理论”

日本经济学家赤松要在1935年提出“雁行产业发展理论”出自论文《我国羊毛工业品的贸易趋势》，通过对明治初年以后产业发展实践的分析，他认为日本的产业经历了从国外进口产品、进口产品替代、出口产品和重新进口产品四个阶段并呈周期循环，在图表上呈倒“V”形，类似飞行中的雁阵，所以取名“雁行形态”。在某一时点上，世界范围内从横向比较来看，欠发达国家处于第一阶段，即进口消费品，出口原材料和初级产品；新兴工业国家处于第二阶段，进口资本品，出口消费品，成熟工业化国家处于第三阶段，进口资本品被国内生产替代一部分，出口消费品并生产资本品；发达国家处于第四阶段，出口资本品，进口消费品。雁行产业发展理论阐释了某一产业在不同国家伴随着产业转移先后兴盛衰退的过程。

六、关满博技术群体结构理论

“技术群体结构”概念是日本学者关满博在1993年的著作《东亚新时代的日本经济——超越“全套型”产业结构》中提出，他构建了一个三角形模型，用来比较分析东亚各国和日本的产业技术结构。他认为，在亚洲国家中日本首先进入现代工业化国家行列，是因为从明治维新开始日本建立了比较完整的工业体系，形成的技术群体结构达到了均衡，即“全套型的产业结构”。但关满博指出日本经济在未来发展中应该对产业进行调整，放弃“全套型的产业结构”，积极参与国际分工合作，才能继续保持领先地位。

七、产业生命周期

1966年，美国经济学家弗农（Vernon，1996）在产品生命周期理论研究的基础上提出了产业生命周期理论，认为产业从产生到衰落是大量厂商共同进入和退出等具有共同规律性和阶段性的行为。20 世纪 70 年代，阿伯纳西（Abernathy，1975）和阿特伯克（Uttethack，1979）将产品生命周期理论与创新联系起来进行研究，把创新驱动型产品的生命周期分为流动、过渡和确立三阶段，提出了 A—U 产品生命周期理论。到了 80 年代，高特和克莱普拓展了研究范围，除了关注产品的价格、产量和销售的时间序列数据外，还考察了该产品市场结构变化以及厂商数量的增减，逐渐过渡到以产业组织为研究对象，分析产业的演化，提出了 G—K 产业生命周期理论（Gort and Klepper，1982）。之后，产业生命周期理论经过不断地完善，逐渐成为现代产业组织理论重要分支之一。经济结构调整正是由原有的主导或支柱行业从成熟期到衰退期，新兴的主导或支柱行业从导入期到成长期进而到成熟期的发展过程，引起不同行业市场需求的剧烈变化。同时需要劳动力从处于衰退期的行业向处于成长期的行业流动，通过行业的技术进步或劳动者人力资本的提升来完成。

第五节　本章结论与政策建议

一个国家或地区经济能够平稳快速地增长，需要产业结构和就业结构的相互协调，产业结构的变化演进引起了就业结构的变化演进，就业结构的调整是否能够适应产业结构的调整也会对产业结构的调整起到约束或促进作用。本书从产业结构演进规律对就业结构的影响和产业结构与就业结构演进动因两个角度整理了相关文献，找出了分析产业结构和就业结构具有代表性的指标选取与方法的应用，综述了调整产业结构和就业结构合理演进政策建议的文献。这些理论是基于研究者所处的时代和经济环境提出的，不能完全适用我国的国情，但对我们研究当今中国的产业结构和就业结构互动协调具有指导意义，并且指标的选取和方法的应用也有很大的参考价值。

中国在经济发展过程中，应结合自身实际状况借鉴其他经济发达国家成功的产业发展政策。根据投入产出法中的影响力系数和感应度系数来衡量产业关联强度、使相同投入能够带动最大化产出的原则，制定主导产业的发展政策，如 2010 年 9 月，国务院常务会议审议并原则通过《国务院关于加快培育和发展战略性新兴产业的决定》，重点扶持七大战略性新兴产业。借鉴英国政府扶持创意产业成功的经验，大力发展创意产业，能够更大限度地发挥中国的经济增长潜力。将产业结构的演进发展和就业结构协调起来，除了让生产要素充分流动外，还需要改变现有的教育结构，使就业结构能够更快速地适应产业结构的变化。

第三章

对经济增长、产业结构与就业结构的研究综述

本章梳理了国内外有关经济增长、产业结构与就业结构的主要文献。其中，对有关发达国家的研究基本按时间演进，进行逻辑梳理；中国由于起步较晚及特殊的经济制度原因，有关中国的研究从多个方面展开，本章对此加以总结与归纳，为后续研究提供基础。

第一节　有关发达国家的研究

对结构变化的研究有两种方法：一种是试图使用经过选择的若干国家之间的横截面数据和时间序列数据，从统计上确认经济增长与结构变化之间的某种普遍联系，得出所谓的“程序化事实”，如克拉克（Clark，1940）、库兹涅茨（Kuznets，1973）、钱纳里和赛尔奎因（Chenery and Syrquin，1975）等；另一种是从一开始就集中研究在相似起始条件和经济制度下的一些国家的历史经验，并探索能够最好说明所发生结构变化过程的特殊理论，如刘易斯（Lewis，1954）、托达罗（Todaro，1969）等。虽然这些理论有的不是十分正式，甚至只是描述性的，但是当我们考察具有相似起始条件的各国经济增长时，这些理论提供了有用的见解和可供参考的框架。

配第（Petty）对 17 世纪英格兰和荷兰的产业结构与就业结构变动关

系进行研究后得出，部门之间相对收入的差异是劳动力在产业部门之间流动的重要原因。据此，从事农业的人数较从事工业的人数趋于减少，而从事工业的人数较从事服务业人数趋于减少。英国经济学家克拉克考察了众多国家结构演变与产业之间的劳动要素转移问题，得出与配第相似的结论，他们的发现被称为“配第-克拉克定理”，即随着人均国民收入的提高，劳动力逐渐由第一产业向第二产业进而向第三产业转移。美国经济学家、统计学家库兹涅茨（1973）对劳动投入、资本投入与经济增长的关系进行了统计分析后认为，经济结构不断调整和转变必然带动就业结构的相应调整。钱纳里和赛尔奎因（1975）研究了在不同经济发展阶段上，劳动力转移与经济发展水平之间的关系并得出了“多国模式”。该研究表明，劳动力在农业中所占份额随着人均国民收入水平的提高而快速下降，而在工业和服务业中所占的比重会明显上升。

刘易斯在1954年提出了发展中国家经济二元结构的理论，指出劳动力从农村向城市转移是由实际收入水平差异决定的，这一过程一直持续到农村与城市实现均衡发展，二元结构得以消除。古斯塔夫·拉尼斯和费景汉（Gustav Ranis and John C. H. Fei）认为刘易斯模式存在缺陷，他们说明了农业在经济发展中的重要作用，并引入了农业产量剩余的概念，把农业劳动力转移和农业、工业两个部门的进步联系起来分析，最终得出了拉-费模型，这一模型与刘易斯模型一起被称为刘易斯-费景汉-拉尼斯模型。托达罗（1969）注重农村和城市的协调发展，认为预期收入是城乡人口迁移的决定因素，在城市失业已经非常严重的情况下，农村人口仍然可能流入城市，认为进入城市找到工作的预期收入的现值大于未来农村预期收入的现值。马克思对于两大部类的讨论可以看作是中国研究产业结构的理论基础。马克思把社会生产领域划分为两大部类：生产生产资料的产业部类和生产消费资料的产业部类，他认为要使社会再生产顺利进行，就必须把社会劳动按照一定的比例，合理分配到社会生产的各个部门中去。

早期的这些研究成果被认为是分析产业结构演进和劳动力转移的重要理论依据，此后学者的研究均以这些理论作为研究基础。

近期国外文献中，研究结构变化大多和经济增长联系起来，法比奥（Fabio，2002）通过建立结构改变和产业增长的演变模型，分析了结构改变和产业增长的决定因素，这种分析是建立在不同经济部门异质性企业行为之上。卡斯塔尔迪（Castaldi，2000）用偏离—份额方法评价了欧洲、美国和日本制造业和服务业的相对权重的结构变化过程。马克尔（Marcel，2000）采用传统的偏离—份额分析检验了亚洲四个国家制造业部门的结构改变对总生产力的影响，结果并不支持结构红利假说，即使考虑到规模报酬递增并且改进偏离—份额分析方法，结果仍然不变。迈克尔·皮纳得（Michael Peneder，2003）对产业结构和集中增长的关系进行了经验研究，在对 28 个国家数据分析的基础上证实：20 世纪 90 年代产业结构在宏观经济发展和经济增长中起重要的决定作用。

技术进步可以推动产业结构升级，但是技术进步的过程（正如熊彼特所强调的），充满了新与旧之间的不协调和激烈竞争，各部门的增长率和利润率存在差异，劳动和资本在各种活动之间不时出现再分配。因此，研究技术进步对劳动力就业的影响，可以间接看作是研究产业结构与就业结构之间的联系。

雨果·奥兰德（Hugo Hollanders，2002）研究了经合组织六个成员方中有关技术、知识溢出和就业结构的变化问题，发现知识溢出对技能提升有重要影响，而这种溢出又可以解释就业结构的变化。加文·赖特（Gavin Wright，1990）研究了美国产业成功的原因，以分析制造业成功的基础。詹·法格博格（Jan Fagerberg，2000）使用 39 个国家数据，研究了专业化和结构变化对制造业生产力增长的影响，得出具有技术进步的国家相比其他国家经历了高产出增长。博·卡尔松（Bo Carlsson，1989）对制造业的技术革命对产业结构的影响进行了国际比较，结果表明制造业尤其是工程业的企业规模下降，一是由于专业化，二是由于计算机技术改善了中小规模企业的质量和生产率。多布斯、希尔和沃特森（Dobbs，Hill and Waterson，1987）在针对技术进步引起失业的争论中提出，技术改变并不是英国纺织业就业迅速下降的原因，纺织业本身的劳动力需求弹性是负值。岩男尾崎（Iwao Ozaki，1975）以 1955 ~ 1968 年日本经济发展的经验为基础，研究了产业发展模式、就业结构、政府产业政策等的相互关系。

有中国学者对其他国家和地区的产业结构、就业结构也进行了研究。蒲艳萍（2005）通过国际比较产业结构对就业增长的影响中指出，上中等收入水平国家和高收入水平国家的产业结构和就业结构关系被认为是合理的，而低收入水平国家的产业结构和就业结构通常是落后的。李江帆、黄少军（2001）通过分析亚洲“四小龙”的产业结构演变，发现其演变过程符合产业结构演进规律，并得出经济体制对产业结构有明显影响，计划体制对第三产业有抑制作用，市场经济有助于推动第三产业发展。张守一、景跃军、刘崇义等分别研究了美国产业结构。张守一（1989）指出，美国就业结构的变化与产业结构的变化具有相同趋势。美国作为先发工业化国家的代表，其产业变迁遵循了产业演变的一般规律，实现了从模仿者到“领头羊”的转变。景跃军（2004）以第二次世界大战后美国经济发展和产业结构关系为主线，研究了美国产业结构演变及经济发展的趋势，并预测了未来15年美国产业结构变动的趋势。刘崇仪（2007）以美国20世纪80年代以来的产业结构调整经验为基础对美国服务业及相关政策进行探讨。徐广军（2010）通过对第五长波中美国产业演进的态势提出中国应采取的产业演进模式。总之，国内学者对发达国家产业结构的研究，都是为了探寻对中国产业发展具有理论和现实借鉴意义的各种方法与途径。

第二节　有关中国的研究

经济增长、产业结构以及就业结构三者之间是相互联系、相互影响的。现实经济中，发达国家往往具有比较发达的产业结构，而落后国家产业结构一般也比较落后，所以经济发展的核心问题经常与产业结构联系在一起。就一国的长期总量生产函数而言，经济增长与就业增长一般是正相关的，但是在中国，奥肯定律出现失效，原因是多方面的。产业结构与就业结构是相互联系、相互作用的。产业作为就业的载体，产业结构的变动必然要反映到就业结构的变动上来，因此就业结构往往被用作反映产业结构变化的一个基本指标而与产值结构并列。

一、经济增长与产业结构

在对于经济增长与产业结构关系的研究中，以库兹涅茨和罗斯托的观点最有代表性。库兹涅茨认为，经济增长是一个总量过程，总量增长引起部门结构变化；与此相反，罗斯托认为，经济增长本质上是一个部门的过程，部门结构变动推动总量增长。较为广泛的观点倾向于认为经济增长不过是生产结构转变的一个方面，尤其是在发展中国家。钱纳里和赛尔奎因（Chenery and Syrquin, 1975）也认为结构转变是经济发展过程的中心特征和解释经济增长速度、模式的本质因素，并提出产业增长的工业化模式能使资源得到最优配置。因此，许多学者从产业结构的角度去研究和分析经济增长。

从产业结构变迁出发来研究对中国经济增长的影响，学者们普遍得出了一致结论：生产要素从低生产率部门向高生产率部门转移和流动的资源再配置效应带来的结构红利加速了中国经济的增长。郭克莎（1999）和刘伟（2002、2008）的研究说明，中国改革开放以来结构变化的作用和影响越来越明显，产业结构变迁对中国经济增长的贡献十分显著。而刘伟（2008）的实证研究进一步表明，随着中国市场化程度的提高，产业结构变迁对经济增长的贡献呈现不断降低的趋势，结构红利正在减弱，但这种减弱并不表明市场化改革的收益将会消失，一些发展和体制的因素阻碍着资源配置效率进一步提高。

干春晖（2011）首次从动态角度把产业结构变迁分为产业结构合理化和产业结构高级化两个维度，进而研究这两个维度与经济增长和经济波动的关系。经验研究结果表明，中国的产业结构合理化对经济增长的积极影响是恒定不变的，而产业结构高级化与经济增长之间的关系是不稳定的。付凌晖（2010）通过提出一种新的产业结构高级化度量方法，并将其与经济增长的关系进行实证分析后发现：1978～2008 年，中国经济更多的是经济总量增长带动结构升级，而产业结构高级化并未明显促进经济增长。

在研究产业结构与经济增长的关系的文献中，以实证分析为主，但也有学者得出了不一致的结论：产业结构和经济增长之间关系并不显著。一方面，从产业结构变迁、高级化、合理化等不同的分析角度出发，可能会得出不同的结果；另一方面，对数据和指标的选取不同也可能得出相异的结论。

二、经济增长与就业

关于经济增长与就业的关系，菲利普斯曲线和奥肯定律两个规律已被许多国家的经济实践所证实。但在中国，经济增长与就业增长出现了不一致，经济的较快增长并未带来就业的相应增长。众多学者探究了其中原因。

蔡昉（2007）指出，奥肯定律的存在是有条件的，这些条件通常是以相对完善的市场环境和市场机制为前提。因而其在中国的适用性，应该从中国市场发育水平，着眼于考察上述条件是不是存在以及在多大程度上存在。陆铭（2011）从地方政府干预角度揭示了中国经济增长创造就业能力较低的现象。研究发现，外商直接投资能显著提高单位 GDP 增长所带来的就业增长，但政府干预削弱了外资的就业创造能力。陈桢（2006）认为，导致中国经济增长、就业效应不足的原因与中国目前特定的改革和发展时期有重大关系，中国经济转型和结构调整加快是就业效应不足的主要原因。刘瀑（2008）从产业发展的视角出发，认为中国的产业发展失衡是制约经济增长对就业吸纳能力减弱的主要原因。

在考虑资本深化对就业的影响中，张军（2002）认为，如果投资的增长能够持续有效驱动更多的劳动投入到生产过程中，并使资本—劳动比保持稳定，资本产出比就不会随着经济的增长而上升。相反，中国的情况是资本不断替代劳动，出现资本深化，导致就业下降。但姚战琪等（2005）认为，虽然资本深化的过程伴随着就业增长率的降低，但是并不会在数量上造成就业量的绝对减少，它只表明资本的增长率快于劳动力的增长速度。蒲艳萍（2006）认为，中国经济增长与就业的非一致性是资本深化、劳动生产率提高、国有部门大量隐性失业者被吸纳以及外来农民工就业增加四个因素共同作用、相互影响的复合结果。

从就业统计工具角度分析，龚玉泉和蔡昉两位学者指出，现有统计工具的缺陷并不能反映真实的就业情况。龚玉泉等（2002）认为，中国的经济增长与就业增长之间的关系被就业制度、经济制度、统计方式等因素所扭曲，使就业现象表现为：体制转轨、结构调整等带来的失业上升和经济增长带来的就业增加两者伴生而成的“名义就业量下降中的有效就业增长”。蔡昉（2007、2009）批评了传统的关于“就业零增长”“农村剩余劳动力一成不变”等判断，指出劳动力市场发育水平的提高、就业总量增长、结构多元化以及城镇就业压力的缓解和农村剩余劳动力大幅度减少的事实，并预测了劳动力市场供求的变化趋势、刘易斯转折点即将到来。蔡昉等（2004）认为，不能仅仅依据传统统计渠道的就业增长数字妄下关于经济增长创造就业减少的判断，以往研究所得出的经济增长没有带来就业的结论只能说明经济增长没有带来显性就业，劳动力市场发育的增量性质，使大量新增就业通过一些传统统计不能涵盖的渠道实现，而单独估算城镇的就业弹性更能够反映真实的情况。

经济增长过程中，影响就业的因素是极其复杂的。近年来，学者们试图从多方面说明奥肯定律在中国失效原因，但对于这一问题目前学术界尚未形成定论，也没有一个对此问题进行系统分析的研究框架，理论和实证分析都有待于进一步完善。

三、产业结构与就业结构

产业结构与就业结构是相互联系、相互作用的。陈大红（2007）、赵杨等（2010）的研究都说明产业结构与就业结构的高度关联性。产业作为就业的载体，产业结构的变动必然要反映到就业结构的变动上来，因此就业结构往往被用作反映产业结构变化的一个基本指标而与产值结构并列。学者们将中国的三次产业变动与国际上反映产业变动趋势的三种有代表性的研究成果（库兹涅茨模式、钱埃西模式、塞钱模式）加以比较，得出中国的产业结构与就业结构的变化方向总体符合产业结构与就业结构演变的规律和趋势，即第一产业产值及就业比重下降，第二、第三产业产值及就业比重上升。综观中国学者对产业结构与就业结构进行的研究，大致分为三个方面。

（一）关于产业结构与就业结构两者相关关系的研究

改革开放之前，中国长期施行的是优先发展重工业的经济赶超战略，外生的通过政府强制集中资源优先发展重工业，一方面有了较高阶段的工业化过程：另一方面却仍然滞留在较低层次的原始农业化阶段，产业结构严重扭曲。改革开放后，产业结构与就业结构虽然较之改革前有很大改善，但不一致程度仍然较大，存在很大的调整空间。学者们一致认为，目前中国处于工业化中期阶段，产业结构发展规律基本与库兹涅茨和钱纳里总结的国际经验相符，不同的是就业结构变动与产业结构不相协调。因此，众多学者探讨两者之间的相关关系，包括互动关系、关联性分析、协调性分析、偏离与失衡、动态关系以及两者关系的实证分析等。从总体趋势上，学者的研究对象从整个中国逐渐转向某一地区、省份或者其所在城市。

陈桢（2007）、夏杰长（2000）、张建武等（2005）在结合一般经验基础上，通过比较中国和世界经济发达国家劳动就业结构的差距，并在对比较劳动生产率、结构偏离度进行实证分析后指出：中国产业结构与就业结构的变动关系处于失衡状态，就业结构变动显著滞后于产业结构变动。赵杨等（2010）从细化到产业中各行业的就业吸纳能力来研究产业结构与就业结构的关联性，得出从提高产业增加值总量来提升就业水平角度而言，第三产业优于第二产业，但具体到产业内的行业来说，建筑业，卫生、社会保障和社会福利业，水利、环境和公共设施管理业三个行业相比其他行业具有很强的就业发展潜力。王忠平（2010）、崔亮（2008）、李玉凤（2008）等都研究了两者的相关关系。

还有学者以某一地区、城市为研究对象，探讨两者的相关关系。张梅、陈喜强（2009）以广东、广西、云南和海南作为泛珠三角经济区成员，比较四个省（自治区）产业结构与就业结构的变动关系。吴江等（2006）在描述四川省改革开放以来产业结构与就业结构演变趋势基础上，研究了四川省产业结构与就业结构的动态变化关系。宋燕波（2007）研究了大连市产业结构和就业结构现状，进行了相关性分析，得出大连市产业结构与就业结构不相协调的结论并提出改进措施。李雁玲（2008）对澳门产业结构和就业结构的变动进行了研究。

学者们大多以配第—克拉克定律、库兹涅茨的多国统计和钱纳里的多国模型等一定的产业结构发展规律为依据，通过横向和纵向数据比较研究，分析了产业结构与就业结构的相关关系，普遍认为目前中国就业结构不适应产业结构转变。

（二）关于产业结构变动对就业结构的影响研究

20 世纪 90 年代以来，中国产业结构变动对劳动就业带来了显著的影响。与结构调整周期同步，就业结构出现了不同变动特征。已有的文献大多支持产业结构变动对于中国就业的显著影响。

国家发改委宏观经济研究院课题组（2008）通过比较中国三次产业就业结构的变动过程后得出，第一产业比重逐渐下降，第二产业比重趋稳，变化不大，第三产业比重逐步上升；在就业的产业结构中，第一产业呈现出低产出、高就业特征，农村存在大量剩余劳动力，第二产业就业结构与第二产业产值同步，而第三产业就业结构变动与该产业产值不同步。李文星（2012）通过面板计数模型分析了结构优化能否带来就业增长。计量结果显示，中国发展第三产业能够吸收更多的就业人口，而第二产业的发展会减少就业，主要由于重工业为主的经济增长模式对就业增长具有显著的抑制作用，尤其在中国第二产业中的资本有机构成比例偏高，第二产业的发展是排斥劳动力的。朱轶等（2009）也得出了相似的结论，结果表明第二产业产值份额的提升并不能有效促进中国整体就业。第三产业份额的提升对中国就业具有显著的促进作用，对就业的吸纳能力最强。王少国（2005）研究了经济增长、产业结构升级对城镇就业的影响，得出城镇就业增长主要依赖于第三产业尤其是社会服务业和其他渠道就业等。刘晓英（2011）通过对 1978～2009 年中国产业和就业数据进行实证分析，发现第一产业产值是第三产业就业人数的格兰杰原因，第二产业对就业的吸纳能力有限，但对第三产业的就业增长有很强的促进作用。

学者的研究表明，中国产业结构变动与发达国家工业化进程的一般规律基本一致。与此同时就业结构也在不断调整，但与产业结构相比，虽然变化方向基本相同，但程度有所不同。产业结构的变动必须要有合理的就业结构与之适应，否则产业结构的升级就会遇到阻碍。

（三）关于产业结构和就业结构发展趋势、变化趋势、演进等的分析

在对这一内容的研究中，学者们多以某省或地区为研究对象，从整体

来研究中国产业结构与就业结构发展演变的文献并不多。西南财经大学博士研究生奉莹（2009）对改革开放以来中国就业结构的演变过程及其影响因素进行了研究，采用人工神经网络的方法建立了就业结构模型，对中国就业的产业结构进行了仿真和预测。梁艳菊等（2006）通过对重庆市历年经济数据的分析，研究了重庆市产业结构和就业结构变动趋势，发现重庆市第三产业吸纳劳动力的能力有逐渐下降并向第二产业流动的趋势。胡华敏（2007）论述了河南产业结构调整状况，分析了河南就业结构“非农化”变动的特征，并预测了产业结构与劳动力就业结构转移发展的趋势。徐向东（2009）、李艳（2006）、分别研究了广东省和陕西省产业结构与就业结构的演进分析。

四、进一步讨论产业发展的主导：第二产业还是第三产业?

有些学者认为中国产业结构比例不合理，表现为：第二产业比重过大而第三产业比重偏低，发展的重点应倾向于第三产业。郭克莎（1999）认为，产业结构的偏差既制约了经济增长速度，又影响了经济增长质量的提高，第三产业的发展受景气循环的影响较小，很多服务业的需求在经济衰退时仍保持相对稳定，因此要控制工业部门扩张，加快第三产业发展。夏杰长（2000）从产业发展带动就业角度出发，对比三次产业内部的就业增长弹性系数，发现第三产业的就业弹性最高，是吸纳劳动力的主要渠道，因而提出要优先发展第三产业，拓宽就业渠道。赵杨等（2010）的研究也认为近两年来，无论在对城镇单位人员就业的“存量吸纳能力”方面还是在“增量吸纳能力”方面，第三产业均高于第二产业，第三产业能更有效地通过提高增加值的方式提升就业水平。

但也有一部分学者质疑上述观点。金碚（2010）认为，中国的三次产业结构是否合理既取决于经济发展的一般规律，又会受到中国国情的影响。较高的第二产业比重是符合中国世界制造业基地的地位和有利于发挥中国的比较优势。产业结构方面的问题不是各层次产业之间比例的高低，而是由产业发展方式粗放和发展质量低下引发的相关问题，如重化工业粗放增长带来的资源环境和能源压力增强、资本深化与劳动力数量巨大之间的矛盾以及高技能的劳动力短缺等方面。林毅夫（2010）认为产业结构内生于要素禀赋结构，产业结构升级必须以要素禀赋结构的升级为前提。胡秋阳（2006）认为发达国家就业以第三产业为主是已进入以“服务经济化”为代表的成熟阶段才有的特征，与中国当前有着本质区别。在发达国家，第三产业在中间投入结构中的份额是不断增加的。因此，第三产业的产业关联特性对第三产业劳动力投入是扩大效果，而在中国，这一因素是缩小第三产业劳动投入的。刘伟（2002）的经验研究也证明，过去中国经济的增长主要是靠制度改革由第三产业拉动，然而第三产业的结构扩张会降低第一产业和第二产业对经济规模的正效应。对于工业化未完成的发展中国家，经济增长的主要动力在于工业制造业，第三产业结构扩张更主要的作用在于完善市场化。所以对于目前中国来说，只有提高第一产业和第二产业的效率才能获得长期稳定的经济增长。社科院工经所李刚等（2011）从发达国家三次产业效率、三次产业供给与需要、国际贸易等方面进行了分析，提出第二产业特别是制造业的加快发展仍旧是中国产业升级的方向及产业政策的着力点。发达国家第三产业比例不断提高，并非反映了第三产业是产业升级的方向，也绝非说明第三产业比第二产业高级。

主张以第三产业优先发展的学者们主要是依据多国的经济实践，产业结构的轻型化和高级化是发达国家经济的特征，产业结构最终将形成“三二一”的发展格局；认为第二产业为主导的学者，更多的是从中国的国情及现有的资源禀赋优势出发，认为产业结构的协调发展的意义更加重要。

第三节　本章结论与政策建议

经济增长、产业结构以及就业结构三者之间是相互联系、相互影响的。本章在国外学者关于产业结构与就业结构相关研究的基础上，重点梳理了中国学者对经济增长与产业结构、经济增长与就业以及产业结构与就业结构相互关联的研究成果，并对当前的研究进行述评。

经济发展的核心问题经常与产业结构联系在一起。在产业结构与经济增长的研究中，大多以实证分析为主，但由于分析角度的差异以及数据等的选取不同，也有学者得出了不一致的结论。

就一国的长期总量生产函数而言，经济增长与就业增长一般是正相关的，但是在中国，奥肯定律出现失效，原因是多方面的。结合中国实际，对经济增长与就业的研究中，学者们讨论了奥肯定律失效的根源，但对于这一问题目前学术界尚未形成定论，理论和实证分析都有待于进一步完善。

产业结构与就业结构是相互联系、相互作用的。产业作为就业的载体，产业结构的变动必然要反映到就业结构的变动上来。在对产业结构与就业结构的协调研究中，本章从两者相关关系、影响、演变趋势出发，进一步指出问题争论的关键在于产业结构比例是否合理。主张以第三产业优先发展的学者们主要是依据多国的经济实践，主张以第二产业为主导的学者，更多的是从中国的国情及现有的资源禀赋优势出发，认为产业结构协调发展的意义更加重要。

根据以上结论，本章提出以下几点政策建议。

第一，大力发展第三产业，加快产业结构调整。在现代工业化国家，第三产业是吸收劳动力的主要渠道。随着人们对高质量生活的追求和方便快捷服务的需要，服务业发展前景十分广阔。发展第三产业是适应产业结构的需要，也是顺应就业结构变化的需要。大力发展第三产业，关键是要深化第三产业领域的体制改革和机制创新。市场化是发展第三产业的强大动力，要放宽市场准入、深化改革，发挥市场配置资源的基础性作用；要打破行业垄断，鼓励各种所有制主体参与对基础设施、科教文卫等的投资与经营，进一步放开第三产业经营。对政府而言，要把政府职能转变到宏观调控、社会管理和公共服务。同时要注重调整第三产业内部结构。从第三产业内部来看，发达国家主要以信息咨询、科技、金融等新兴产业为主，这些行业的就业弹性系数较高，而中国仍以传统的商业、服务业为主，新型第三产业发展严重滞后，第三产业内部结构需要升级。发展的重点应放在与科技进步相关的新兴行业，如软件业、生物技术业；发展就业容量大的行业如仓储业；发展对国民经济发展具有全局性、先导性影响的基础行业，如交通运输业、邮电通信业等。

第二，以信息化带动工业化，走新型工业化道路。西方发达国家在世界上最先实现了工业化，其工业化道路发挥了科技革命和市场机制的作用，但同时也伴随着失业、资源消耗、污染等严重问题。新型工业化道路不同于西方国家所经历过的，也不同于传统工业化的重工业优先、粗放式发展，其特点体现在以信息化带动工业化、发挥比较优势和后发优势的集约化增长方式。信息化是当今世界经济发展的大趋势，是21世纪现代化最重要的内容和特征，中国要实现现代化，必须大力开发和运用信息技术，加强现代信息基础设施建设，改造传统落后产业。要通过信息技术，提高产业研发设计能力以实现传统产业的产品换代升级；要运用信息技术发展电子商务和电子金融，进而推动营销、运输和服务方式的变革；要采用信息技术，实现企业生产经营的信息化，提高工业的整体素质和国际竞争力。丰富的劳动力资源是中国的比较优势，规模扩张、结构优化是中国的后发优势，正确发挥这些优势，加快工业化进程，提高工业化效率，改善经济增长和工业化的质量和效益。

第三，消除劳动力转移的制度性障碍与歧视，加快剩余农村劳动力转移，以完善劳动力市场。户籍制度改革可以推动农村劳动力流动就业，提高了资源重新配置效率。然而，在劳动力无限供给、公共服务资源短缺的条件下，农民工与城市居民存在着就业机会和社会福利供给上的竞争关系，使户籍制度改革不能完成。要取消“农业户口”和“非农业户口”的区别，建立城乡统一的户口登记制度，剥离与户籍直接联系的福利，落实户口变更后的养老、医疗等福利待遇，让户口只具有标志居住地的意义，实现城乡人口的平等权利。要积极调整人口迁移政策，进一步放宽落户条件，对小城市、中等城市、大城市、特大城市依次放开，逐步取消户口迁移的限制。户籍制度不是一个独立执行的政策，还需要一系列相关政策配套执行，要弱化甚至消除城市户口的附加利益，使教育、就业、住房等社会保障与户口脱钩，使户籍只具有承担民事登记的社会管理功能，顺利推进户籍制度改革。

第四，加快城市化进程，鼓励中小城市适度扩容。城市化的发展具有聚集效应，并能够产生关联效应和协同效应促进更多的产业发展，从而创造大量的就业需求。城市化也是解决农村剩余劳动力就业、调整就业结构及解决隐性失业问题的重要途径。城市化水平越高，第二、第三产业在整个国民经济构成中的比例越高，但中国城市化滞后的现状制约了产业结构的调整升级。要加大对基础设施的投资，鼓励民间资本公平竞争参与到基础建设中来，为城市化发展打下坚实的基础，重点是加快交通运输设施特别是轨道交通的建设，使城市向边缘地区扩散和辐射，促进地区均衡发展；积极推进农村城市化建设，促进城乡产业结构升级，其中，加强县城城镇建设和发展是农村城市化的重要支点，并完善土地制度，使农村劳动力不受土地的限制，创造制度等软环境；合理利用资源和保护环境，实现城市化的可持续发展重视新能源和可再生能源的开发利用，推动新能源产业的发展，并强化对污染的综合治理，达到经济社会、资源环境发展的统一，实现真正意义上的高水平、可持续的城市化，实现产业结构的高级化。

第四章

产业结构与就业结构的互动关系

产业结构“质”的方面揭示了产业间技术经济发展的趋势，“量”的方面显现了不同产业间投入与产出的比例关系。在此期间，资本、劳动等要素在国民经济各部门中也形成了相应的数量比例和质量的配置，表现为资本结构和就业结构。目前，国内外学者从多个角度论证了产业结构与就业结构之间的互动关系，然而，从产业结构对就业变动的离散程度这一视角的研究还比较少。本章从较为鲜见的就业变动的离散程度——斯托克夫指数（Stoikov，1966）视角入手，实证检验我国产业结构与就业结构的离散程度，诠释我国当前产业结构与就业结构交互作用中存在的问题，为相关产业政策的制定提供理论依据。

第一节　产业结构与就业关系的演变

一、相关概念界定

产业结构有两个方面的含义：“质”的方面动态揭示了产业间技术经济发展的趋势，“量”的方面静态显现了产业间投入与产出的比例关系（蒋昭侠，2005）。本书所涉及的研究是“量”方面的产业结构。相应的，产业结构变动指的就是三次产业在国民经济中构成比例的变化。产业结构升级广义上指的是产业结构从低级形态（第一产业）向高级形态（第二、第三产业）转变的过程；狭义上是指某一产业内部从低生产率向高生产率，从低附加值向高附加值的发展过程（国务院发展研究中心，2010）。而产业转型指的是一个国家和地区根据国内外经济形势，通过市场、行政等手段对现存产业结构进行的直接或间接的调整，也指某一产业（行业）内，资本、劳动等要素的再配置。产业结构变动与产业结构升级的区别在于：前者指的是各产业在国民经济中构成比例的变化，是“量”上的变动，而后者侧重于产业间及产业内部“质”上的提高。产业结构变动与产业转型的区别在于：前者是产业间构成比例的客观反映，而后者更强调政府对各产业或要素的主动调整。

就业结构是指劳动力在国民经济各部门、各产业（行业）、各地区分配的比例关系（胡学勤，2004）。按照不同的标准，就业结构可以划分为不同的方面。例如，就业的城乡结构、就业的知识结构、就业的区域结构等。本章研究的就业结构是按照三次产业来划分的，指劳动力在三次产业中的数量比例关系。

二、产业结构、就业结构与就业总量的关系

产业结构影响就业结构，同时，就业结构对产业结构也有推动作用（高波等，2012）。改革开放以来，伴随着我国经济的快速发展，产业结构和就业结构均有一定程度的发展变化。那么，它们之间是否存在互动关系？如果存在的话，二者之间的互动关系或者互动模式又是怎样的？为此，本章将对我国产业结构、就业结构和就业总量三个变量进行因果关系检验，选取的指标为就业总量（*JY*）、产业结构变化值（*CYJG*）以及就业结构变化值（*JYJG*）。其中，就业总量指标以《中国统计年鉴》中的“就业人员数”来代替，具体指的是16周岁（含）以上，从事一定社会劳动并取得劳动报酬或经营收入的人员，该指标反映了一定时期内全部劳动力资源的实际利用情况。三次产业产出结构变化值和就业结构变化值两个指标采用周振华（1995）在《现代经济增长中的结构效应》一书中给出的结构变化总值的度量公式，具体为：

$$S_t = \sum_{i=1}^{n} |q_{it} - q_{0t}| \tag{4.1}$$

其中，S_t 代表 t 时期的结构变化总值，q_{it} 代表 t 时期产业 i 的结构值，q_{i0} 代表基期产业 i 的结构值。

本书把1978年设为基期，按照式（4.1）计算出1979~2010年三次产业产出结构与就业结构的总变化值（见表4-1）。

表4-1　　产业结构与就业结构的总变化值　　单位：%

年份	产出结构变化值	就业结构变化值	年份	产出结构变化值	就业结构变化值
1979	6.1541	1.40	1995	17.9554	36.60
1980	4.6623	3.60	1996	17.6747	40.00
1981	7.3842	4.80	1997	20.4778	41.20
1982	10.4003	4.80	1998	24.5936	41.40
1983	9.9821	6.80	1999	27.5754	40.80
1984	9.5797	13.00	2000	30.1709	41.00
1985	9.9812	16.20	2001	33.1411	41.00
1986	10.3922	19.20	2002	35.0649	41.00
1987	11.4067	21.00	2003	34.5974	42.80
1988	13.1592	22.40	2004	32.8930	47.20
1989	16.2578	20.80	2005	33.1512	51.40
1990	15.2263	20.80	2006	34.1603	55.80
1991	19.5000	21.60	2007	35.9130	59.40
1992	21.6509	24.00	2008	35.6739	61.80
1993	19.5764	28.20	2009	38.8806	64.80
1994	19.3689	32.40	2010	38.4142	67.60

资料来源：根据1979~2011年《中国统计年鉴》整理得出。

从表4-1可以看出，我国产业结构和就业结构的变化值都呈现出逐年增大的趋势，[①] 与基期1978年相比，2010年产业结构和就业结构的变化值分

① 产业结构值在1980年、1983年、1984年、1990年、1993~1996年、2003~2004年出现较小的下降，就业结构值在1989年、1999年出现较小的下降，这些年份异样情况的原因将在后续进行研究。

别达到 38.41%、67.60%。其中，产业结构的变化值在 1980 年为最小值 4.66%，2009 年为最大值 38.88%。就业结构的变化值在 1979 年为最小值 1.40%，2010 年为最大值 67.60%。1979～1983 年产出结构变化值大于就业结构变化值，而 1984～2010 年就业结构变化值又大于产出结构变化值。

导致产业结构与就业结构变化值不一致的原因，笔者认为有以下几点：一是地方政府具有优先发展资本密集型产业的冲动，因为它短期内投资大、见效快，地方官员在政绩考核的压力下，优先选择了资本密集型产业。二是随着技术的进步，资本替代劳动成为经济发展的必然。改革开放以来，为了迅速实现工业化，我们又加重了资本替代劳动的程度，这或许是就业结构与产业结构发展不匹配的根本原因。三是三次产业之间收益率的差异促使劳动力从第一产业流向第二、第三产业，但我国典型的城乡二元结构存在多种阻碍劳动力自由流动的因素，突出表现为户籍政策，提高了劳动力的迁移成本，劳动力自由流动较为困难。

本章使用 EViews5.0 软件，检验三个变量：就业总量（*JY*）、产业结构变化值（*CYJG*）和就业结构变化值（*JYJG*）两两之间是否存在因果关系。采用格兰杰因果检验方法，该方法由格兰杰提出，Sims 进行了推广，解决了 x 是否引起了 y 的变动这一问题。检验结果见表 4－2。

表 4－2　　各变量因果关系检验表

原假设	样本数	F 统计量	概率（p 值）
就业总量不是产业结构的原因	30	3.0745	0.0640*
产业结构不是就业总量的原因	30	0.5537	0.5817
就业结构不是产业结构的原因	30	5.9204	0.0079***
产业结构不是就业结构的原因	30	8.1039	0.0019***
就业结构不是就业总量的原因	30	2.3016	0.1209
就业总量不是就业结构的原因	30	1.7813	0.1891

注：***、**、* 分别表示在 1%、5% 和 10% 水平下显著。

由表 4－2 的检验结果可以得出，在 1% 的显著水平下，两个原假设"就业结构不是产业结构的原因"和"产业结构不是就业结构的原因"都被拒绝，这说明产业结构是就业结构变化的原因，同时，就业结构也是产业结构变化的原因，即二者之间互为因果关系。进一步，在10%的显著水平下，原假设“就业总量不是产业结构的原因”遭到拒绝，说明就业总量是产业结构变化的原因。以上结论说明：改革开放以来，随着我国经济的快速发展，产业结构对就业结构有牵动作用，反过来，就业结构也推动了产业结构的变化，它们之间相互影响，互为因果关系，印证了郭军（2006）、高波（2012）等学者的结论。在10%的显著水平下，就业总量影响了产业结构的变化。但产业结构变动并不是就业总量变化的原因，即产业结构变动对就业总量没有显著影响。

第二节 基于斯托克夫指数的产业结构与就业的关系

学者采用就业弹性、灰色关联度、结构偏离度和偏离—份额等分析方法对产业结构和就业结构的关系进行了大量的研究，但基于斯托克夫指数①视角的研究非常少。该指数主要用于测度产业间就业变动的离散程度。如果产业之间相对的劳动需求未发生改变，则某一产业的就业增长率偏离所有产业加权平均就业增长率将等于零，这时斯托克夫指数也等于零。一个产业的就业份额占比越大，其就业有所变动时对整个就业的影响也就越大。本章以三次产业的就业比重为权数，得出三次产业整体的加权平均就业增长率，再分别与三次产业的就业增长率相比较，以此来了解就业变动的离散程度。如果产业间的劳动需求相对偏离程度越大，斯托克夫指数也就越大。

一、斯托克夫指数构建

在实证检验了产业结构、就业结构与就业总量的因果关系后，本章引入斯托克夫指数来测度产业结构变动对就业结构的影响，其计算公式为：

$$SI_t = \sum_{i=1}^{n} |g_{it} - \bar{g}_t| \frac{N_{it}}{N_t} \tag{4.2}$$

① Stoikov, V. (1966), “Some Determinants of the Level of Frictional Unemployment: A Comparative Study,” International Labor Review, 93 (5): 530 - 549.

其中，SI_t 代表 t 时期 i 产业的斯托克夫指数，g_{it} 表示产业 i 在 t 期的就业增长率，$\bar{g}_t$ 表示 t 时期所有产业的加权平均就业增长率，N_{it} 表示 t 时期产业 i 的就业人数，N_t 表示所有产业在 t 期的就业总人数。根据 1978 ~ 2011 年《中国统计年鉴》的相关数据，利用式（4.2）计算出 1979 ~ 2010 年整体及三次产业的斯托克夫指数（见表 4 – 3）。

表 4 – 3　　1979 ~ 2010 年我国三次产业及整体的斯托克夫指数

年份	斯托克夫指数			
	第一产业	第二产业	第三产业	整体
1979	0. 7568	0. 2945	0. 4623	1. 5136
1980	1. 1051	0. 6408	0. 4643	2. 2103
1981	0. 6815	0. 1081	0. 5733	1. 3629
1982	0. 0281	0. 1276	0. 1557	0. 3114
1983	1. 0991	0. 2629	0. 8362	2. 1981
1984	3. 3134	1. 2393	2. 0741	6. 6268
1985	1. 7153	0. 9738	0. 7415	3. 4306
1986	1. 5402	1. 1136	0. 4266	3. 0803
1987	0. 9995	0. 3491	0. 6503	1. 9990
1988	0. 6573	0. 1509	0. 5064	1. 3146
1989	0. 6967	0. 7161	0. 0194	1. 4323
1990	0. 0563	0. 2848	0. 2285	0. 5696
1991	0. 4087	0. 0021	0. 4108	0. 8216
1992	1. 2295	0. 2918	0. 9377	2. 4590
1993	2. 1566	0. 6852	1. 4714	4. 3131
1994	2. 1708	0. 2526	1. 9182	4. 3417
1995	2. 1559	0. 2548	1. 9011	4. 3117
1996	1. 7293	0. 4875	1. 2419	3. 4587
1997	0. 6078	0. 2009	0. 4069	1. 2156
1998	0. 1044	0. 2013	0. 3057	0. 6115
1999	0. 2977	0. 4977	0. 2000	0. 9955

续表

年份	斯托克夫指数			
	第一产业	第二产业	第三产业	整体
2000	0.1119	0.5001	0.6120	1.2239
2001	0.0023	0.2007	0.2030	0.4060
2002	0.0330	0.8835	0.9165	1.8329
2003	0.9072	0.1954	0.7118	1.8144
2004	2.2072	0.8997	1.3075	4.4145
2005	2.1020	1.3373	0.7646	4.2039
2006	2.1911	1.4349	0.7562	4.3822
2007	1.8056	1.6618	0.1438	3.6112
2008	1.1927	0.3905	0.8022	2.3853
2009	1.4845	0.5893	0.8952	2.9690
2010	1.3852	0.9069	0.4782	2.7703

资料来源：根据1978~2011年《中国统计年鉴》利用式（4.2）计算得出。

从表4-3的计算结果可以看出，1979~2010年，我国整体产业的斯托克夫指数介于0.3114~6.6268。其中，1982年整体产业的劳动力离散程度最小（0.3114），1984年整体产业的劳动力离散程度最大（6.6268）。第一产业的斯托克夫指数介于0.0023~3.3134，2001年、1984年分别为第一产业劳动力离散程度最小和最大的年份。第二产业的斯托克夫指数介于0.0021~1.6618，1991年、2007年分别为第二产业劳动力离散程度最小和最大的年份。第三产业的斯托克夫指数介于0.0194~2.0741，1989年、1984年分别为第三产业劳动力离散程度最小和最大的年份。

就第一产业的就业情况来说，1978年第一产业从业人数占到总就业人口的70.5%，随后逐年下降，到2010年其比重降至36.7%。表4-3也显示，第一产业的斯托克夫指数变动最大，说明我国第一产业劳动力离散程度最大，流动性较强。原因是第一产业的劳动生产率不断提高，使大批的农民从农业生产中解放出来，其中一部分便从农村走向城市，成为“农民工”，转向第二产业（以建筑业、制造业为代表）和第三产业（以餐饮、家政服务为代表）就业。当经济景气时，第二、第三产业劳动力需求旺盛，劳动力从第一产业向第二、第三产业转移。当经济不景气时，第二、第三产业劳动力需求下降，他们又可以从第二、第三产业回流至第一产业。

第二产业的斯托克夫指数最小，即与第一、第三产业相比，第二产业劳动力的离散程度最小。原因在于自1978年以来，我国第二产业在国内生产总值中的比重始终介于41.34%~48.22%这个较小的区间范围，第二产业的就业比重从1978年的17.3%，缓慢上升至2010年的28.7%，也是三次产业中最为稳定的。

第三产业的斯托克夫指数介于第一产业和第二产业。改革开放以来的市场经济建设使第三产业产生了强大的发展活力，产业比重从1978年的23.94%，增长至2010年的43.14%。就业比重从1978年的12.2%，上升至2010年的34.6%。

二、模型选取与变量的平稳性检验

（一）模型选取与变量基本特征

由于我国经济具有典型的城乡二元特征，第一产业劳动力流动性较强，统计农民的就业情况十分困难，在此暂不考虑第一产业，主要考察第二、第三产业结构变动对就业的影响。指标选择上，以城镇登记失业率[①]（RU_t）反映就业情况，以第二、第三产业的斯托克夫指数（SI_2、SI_3）代表产业结构。采用黄仁德、钟建屏（2008）在《台湾产业结构变动与失业率关系之探讨》中使用的经济计量模型：[②]

$$RU_t = \alpha + \gamma SI_2 + \omega SI_3 + \varepsilon_t \tag{4.3}$$

其中，α 为常数项，γ、ω 分别为第二和第三产业斯托克夫指数的系数，ε_t 为随机扰动项。

表4-4描述的是 RU、SI_2 和 SI_3 三个变量的统计特征。

---

① 受失业率数据限制，这里采用城镇登记失业率代替失业率。

② 黄仁德、钟建屏：《台湾产业结构变动与失业率关系之探讨》，载于《法制论丛》2008年第1期。

表 4-4　　　　变量统计性描述

变量	均值	最大值	最小值	标准差
RU	3.2438	5.4000	1.8000	0.9460
SI_2	0.5667	1.6618	0.0021	0.4286
SI_3	0.7351	2.0741	0.0194	0.5192

资料来源：根据 1978～2011 年《中国统计年鉴》整理而得。

第二产业斯托克夫指数的均值小于第三产业斯托克夫指数的均值，且前者的标准差也较小，再次印证了上述结论：第二产业的就业离散度小于第三产业，且稳定性也优于第三产业。

1979～1985 年，我国城镇登记失业率是逐年递减的，在 1985 年达到最低值 1.8%，与此同时，第三产业的斯托克夫指数达到最高值 2.07。1985 年之后，整体来看，城镇登记失业率表现为不断升高的趋势，而第二、第三产业斯托克夫指数则呈现出不同程度的上下波动，其中，第三产业斯托克夫指数在 1994 年达到另一个极值 1.92，第二产业斯托克夫指数在 2007 年达到最高值 1.66（见图 4-1）。

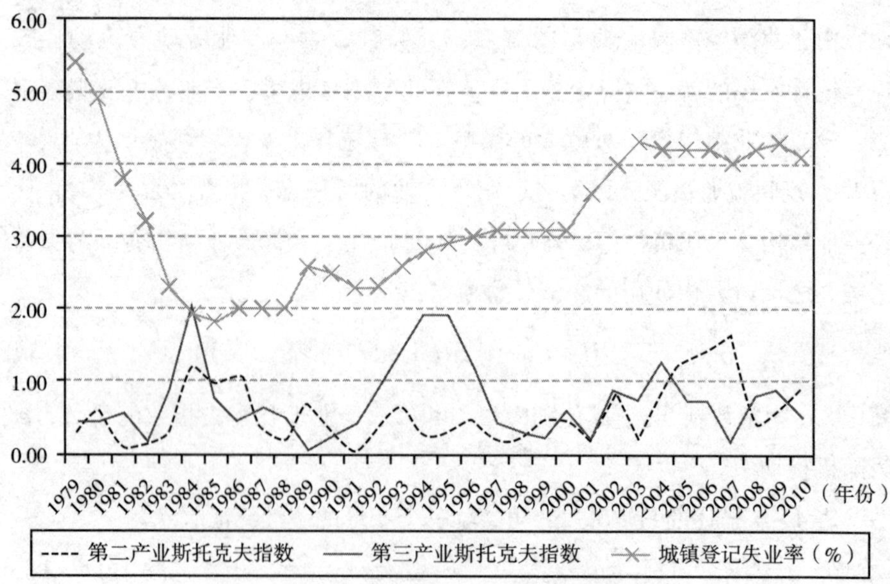

图 4-1　1979～2010 年中国城镇登记失业率、第二和第三产业的斯托克夫指数

为了准确测度斯托克夫指数与城镇登记失业率之间的相互关系，需要对变量进行回归分析，而为了避免出现虚假回归①现象，则需要先对变量进行平稳性检验。

（二）变量的平稳性检验

时间序列变量在建立回归模型时需要保证变量都是平稳的，它们的均值和方差等都不能随着时间的改变而变化，这些变量在每个时间点上的随机性服从一定的概率分布（高铁梅，2009）。然而实际上，大多数的经济时间序列都不是平稳的，它们的方差和均值都可能随着时间的变化而变化，对非平稳的时间序列进行直接回归，就容易导致虚假回归现象的发生，因此对变量进行平稳性的检验变得尤为必要。

检测序列平稳性的标准方法是单位根检验，本章利用 Eviews5.0 软件对变量进行 ADF 检验，滞后项 p 的选择按照 SC 准则或 AIC 准则，为了避免出现序列趋势平稳，在进行 ADF 检验的同时还进行 PP 检验，只有两个检验都通过的序列，才被认为是平稳的。三个变量的平稳性检验结果见表 4-5。

表 4-5　　变量平稳性检验结果

变量	(c、t、d)	ADF 统计量	临界值	PP 统计量	临界值	结果
RU	(c、t、0)	-5.0381	-4.2846***	-4.9144	-4.2846***	平稳
SI_2	(c、t、0)	-3.4775	-2.9604**	-3.4775	-2.9604**	平稳
SI_3	(c、0、0)	-4.2485	-3.699**	-3.1241	-2.9604**	平稳

注：c、t 分别变身常数项、趋势项，d = 0 表示水平数据，***、** 分别表示 1%、5%临界值。

由表 4-5 可知，*RU* 的 ADF 和 PP 统计量均小于其 1%临界值，说明 *RU* 在 1%显著水平下是稳定的。SI_2 的 ADF 和 PP 统计量均小于其 5%临界值，说明 SI_2 在 5%显著水平下是稳定的。SI_3 的 ADF 和 PP 统计量也都小

① 虚假回归是指在对模型进行参数估计时，如果采用的序列是非平稳的，回归结果可能导致原本没有任何关系的两个序列出现关系，甚至拟合优度也比较高的现象。

于其5%临界值，说明SI_3在5%的显著水平下也是稳定的。综上，在5%显著水平下，RU、SI_2和SI_3都是稳定的，因此不需要进行协整分析，可以直接建立向量自回归模型。

三、短期效应与长期趋势分析

（一）短期效应分析

向量自回归（VAR）是基于数据的统计特性来建立模型，VAR模型把系统中每一个内生变量作为该系统中所有内生变量的滞后值的函数来建立模型，这样就把单变量自回归模型推广到由多元时间序列变量组成的“向量”自回归模型（胡晶，2007）。在进行多个相关经济指标的分析或预测中，VAR模型是最容易操作的模型之一，并且在一定的条件下，多元MA和ARMA模型也可转化成VAR模型。

利用Eviews 5.0软件对RU、SI_2、SI_3建立的VAR模型进行参数估计和检验，具体结果见表4-6。

表4-6　　Eviews5.0检验结果

	RU	SI_2	SI_3
$RU(-1)$	1.4650	-0.0466	0.0292
	(-0.1544)	(-0.2466)	(-0.2853)
	[9.49131]	[-0.18901]	[0.10225]
$RU(-2)$	-0.6074	0.1105	-0.0421
	(-0.1425)	(-0.2276)	(-0.2634)
	[-4.26273]	[0.48555]	[-0.15972]
$SI_2(-1)$	0.0208	0.3538	-0.2245
	(-0.1320)	(-0.2108)	(-0.2440)
	[0.15739]	[1.67794]	[-0.92019]
$SI_2(-2)$	0.1192	0.0362	0.0227
	(-0.1317)	(-0.2104)	(-0.2435)
	[0.90480]	[0.17182]	[0.09327]

续表

	RU	SI_2	SI_3
$SI_3(-1)$	0.1116	0.1248	0.5753
	(−0.1131)	(−0.1807)	(−0.2091)
	[0.98691]	[0.69072]	[2.75170]
$SI_3(-2)$	−0.0636	0.0608	−0.1668
	(−0.1141)	(−0.1822)	(−0.2108)
	[−0.55760]	[0.33376]	[−0.79142]
C	0.3286	0.0096	0.5998
	(−0.2202)	(−0.3518)	(−0.4070)
	[1.49224]	[0.02725]	[1.47348]
拟合优度	0.9148	0.2210	0.2852
调整后拟合优度	0.8926	0.0178	0.0988
F 统计量	41.1682	1.0876	1.5297

注：( ) 中的数字为标准差，[ ] 中的数字为 t 统计量。

根据表 4－6 的检验结果，可以得到以下三个方程：

$$RU = 0.3286 + 1.4650RU(-1) - 0.6074RU(-2) + 0.0208SI_2(-1) + 0.1192SI_2(-2) + 0.1116SI_3(-1) - 0.0636SI_3(-2) \quad (4.4)$$

$$SI_2 = 0.0096 - 0.0466RU(-1) + 0.1105RU(-2) + 0.3538SI_2(-1) + 0.0362SI_2(-2) + 0.1248SI_3(-1) + 0.0618SI_3(-2) \quad (4.5)$$

$$SI_3 = 0.5998 + 0.0292RU(-1) - 0.0421RU(-2) - 0.2245SI_2(-1) + 0.0277SI_2(-2) + 0.5753SI_3(-1) - 0.1668SI_3(-2) \quad (4.6)$$

但由于式（4.5）和式（4.6）调整后的拟合优度较小（0.0178 和 0.0988）故舍弃，仅得到式（4.4）。

由于向量自回归是一种非理论性的模型，它一般不分析某一变量的变化对其他变量的影响情况，而是分析当一个误差项出现改变或模型受到某种冲击时对系统的动态影响，这就是脉冲响应函数方法，它可以相对清晰地分析自变量的短期冲击对因变量的影响。

利用 Eviews5.0 软件得出了第二、第三产业斯托克夫指数冲击对城镇登记失业率影响的脉冲响应图（见图 4 - 2）。图 4 - 2 中，中间的实线为 RU 应对 SI_2、SI_3 冲击的广义脉冲响应函数曲线，表示短期内，给第二产业斯托克夫指数和第三产业斯托克夫指数一个冲击后，城镇登记失业率的变化情况。实线上下的两条虚线表示偏离实线正负标准差的区间。从短期来看，给第二产业斯托克夫指数一个正的单位冲击，城镇登记失业率将逐步上升并在第三期达到峰值，持续到第六期后缓慢下降，第十期后恢复到常态。给第三产业斯托克夫指数一个正的单位冲击，城镇登记失业率也是逐步上升并在第三期达到最高，随后便缓慢下降，在第八期后恢复到常态。

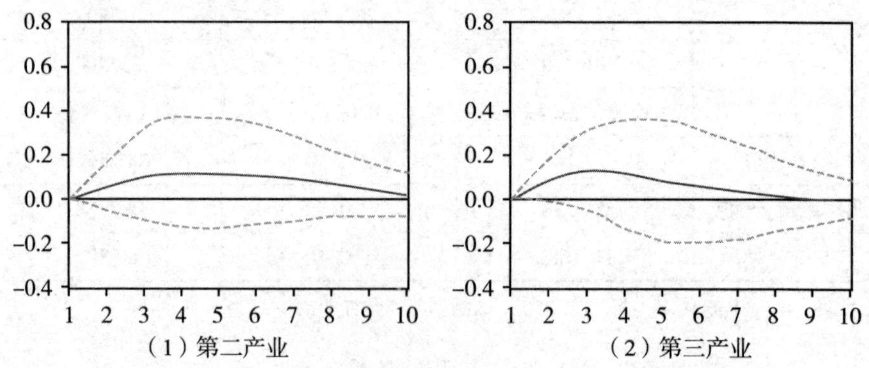

图 4 - 2　城镇登记率应对第二产业、第三产业斯托克夫指数冲击的脉冲响应

可以得出两个结论：第一，第二产业和第三产业短期内的结构变动都会导致失业率的上升。笔者认为其原因是我国劳动力市场化水平仍然偏低、阻碍劳动力自由流动的制度性壁垒依然存在。一是劳动力市场分割，形式包括城乡二元劳动力市场和体制内、体制外劳动力市场，且前者有逐步向后者演变的趋势（赖德胜，1996）。二是户籍政策还有上面附加的住房、医疗、教育等制度提高了劳动力的迁移成本，劳动力无法在产业、行业以及地域之间实现自由流动，产生了结构性失业，相应的，就业结构也难以发生改变。所以，必须根除我国劳动力市场中的各种壁垒。欧盟的做法值得我们借鉴，为了有效防范债务危机带来的经济衰退、努力解决高失业率问题，欧盟委员会于 2012 年 4 月 18 日公布了标题为《实现能够促进就业的经济增长》的“一揽子”计划。决定各成员方共同努力推动劳动力市场改革，消除各个成员方之间的劳动力市场壁垒，建立统一的欧盟劳动力市场，允许所有成员方的公民在欧盟全境内搜寻工作，并建立欧盟统一的就业市场考评机制（陈听雨，2012）。

第二，与第二产业相比，第三产业结构的变动对城镇登记失业率冲击的时间较短。说明相比较第二产业，第三产业的劳动力可以实现更为迅速和灵活的调整。其原因在于第二产业对专业技术人才需求较多，而短期内专业人才难以培养出来，产生结构性失业。而第三产业的就业形式灵活多样，因此可以实现较快的就业调整。

以上分析得出了第二、第三产业的斯托克夫指数对城镇登记失业率影响的短期脉冲响应曲线。那么，它们三者之间是否存在长期的均衡关系？为此，继续分析城镇登记失业率、第二和第三产业斯托克夫指数之间的长期对应关系。

（二）长期趋势分析

为了测度产业结构变动对就业的长期影响，进一步对计量模型进行回归，希望得到 RU、SI_2、SI_3 三者之间的长期均衡关系（见表 4－7）。

表 4－7　城镇登记失业率、第二和第三产业斯托克夫指数的检验结果

变量	系数	标准差	t－统计量	P 值
C	3.2567	0.3836	8.4887	0.0000
SI_2	0.2445	0.1168	2.0929	0.0471
SI_3	−0.2701	0.0964	−2.8011	0.0099
AR（1）	1.5706	0.1356	11.5821	0.0000
AR（2）	−0.6886	0.1240	−5.5540	0.0000
拟合优度	0.9296	调整后拟合优度		0.9179
对数似然值	3.0557	F－统计量		79.2794
DW 值	2.1273	P 值		0.0000

由表 4－7 可以得到式（4.7）：

$$RU = 3.2567 + 0.2444SI_2 - 0.2701SI_3 + 1.5706AR(1) - 0.6886AR(2) \tag{4.7}$$

由式（4.7）得到，SI_2 的系数为 0.2445，第二产业的斯托克夫指数每提高 1 个百分点，城镇登记失业率将提高 0.2445 个百分点，第二产业的斯托克夫指数与城镇登记失业率的变动方向一致。说明第二产业结构占比上升将导致城镇登记失业率的提高。原因是随着技术的不断进步，第二产业劳动生产率水平得到快速提高，使资本对劳动的替代效应①超过了其对劳动的创造效应②，表现为第二产业的就业弹性为负值，对劳动力为净排出。

SI_3 的系数为 -0.2701，即第三产业的斯托克夫指数每提高 1 个百分点，城镇登记失业率将降低 0.2701 个百分点，说明第三产业结构占比的上升将带来城镇登记失业率的降低。这与大多数学者（张车伟，2002；蔡昉，2004；何德旭等，2008；黄仁德等，2008）的研究结论一致。并且第三产业斯托克夫指数系数的绝对值要大于第二产业斯托克夫指数系数的绝对值，即第二产业和第三产业同时增加 1 个百分点，城镇登记失业率仍然是降低的。原因在于第三产业对劳动力的吸纳能力超过了第二产业对劳动力的“挤出效应”。因此，为了有效解决我国日益严重的就业问题，降低失业率，应该优先发展第三产业，因为相比较第二产业，第三产业的就业弹性大，劳动力吸纳能力强。

第三节　本章结论与政策建议

一、主要研究结论

本章采用结构变化值指标对产业结构、就业结构和就业总量三个变量进行了格兰杰因果关系检验，并引入斯托克夫指数来实际测度不同产业间就业变动的离散程度，构建了向量自回归（VAR）计量模型，对 1979 ~ 2010 年我国产业结构与城镇登记失业率进行了短期脉冲响应和长期趋势分

① 替代效应指短期内资本投入的增加对劳动力的替代或者挤出。

② 创造效应指随着技术进步、资本投入的进一步增加，能够开发新产品或者新的服务领域，从而创造更多的就业机会。

析，得到以下结论：

第一，产业结构与就业结构互为牵拉效应。改革开放以来，在经济快速增长的大背景下，我国产业结构与就业结构都有程度不同的明显变动。产业结构从1978年的28∶48∶24发展到2010年的10∶47∶43，就业结构从1978年的71∶17∶12调整到2010年的37∶29∶34。[①] 实证检验得知，产业结构对就业结构有牵引作用，与此同时，就业结构对产业结构也有推动作用，它们之间相互影响，互为牵动。

第二，产业结构变动对就业总量没有产生明显影响。数据检验表明，在10%的显著水平下，就业总量是产业结构变化的原因，但产业结构变动没有引起就业总量的变化。说明我国产业结构与就业总量二者之间的发展仍缺乏协调性，它们之间的非均衡发展，削弱了创造新就业岗位的能力，导致了严峻的就业形势，影响了我国经济的持续稳定增长。

第三，第二、第三产业结构的变动在短期内总量上抑制了城镇就业、也难以改变就业结构。研究表明短期内如果给第二、第三产业结构一个正的单位冲击，结构性失业情况变遭，城镇登记失业率也开始上升。这虽然与劳动力市场化水平比较低、存在户籍等很多制度性壁垒、劳动力流动成本过高等影响要素资源的配置效率有关，也说明产业结构正向变动对就业结构牵拉的作用有一定的局限。在这种情景下，加强产业结构正向变动激励的同时，弱化甚至消除一些劳动力市场中的制度性障碍对解决我国产业结构与就业结构的协调发展十分必要。

第四，第二产业中资本对劳动的替代效应大于其创造效应。第二产业斯托克夫指数每提高1个百分点，城镇登记失业率将会上升0.2445个百分点。并且第二产业的斯托克夫指数最小，即第二产业就业人数的离散程度最小。这说明，第二产业吸纳劳动力的能力已经非常有限。随着技术的进步，资本密集型第二产业的劳动力更多被机器（资本）所代替。在长期，如果继续选择资本优先的发展路径，追求资本密集与技术密集的生产方式，那么，更多的劳动将被资本所替代，使得就业问题更加难以有效解决。

---

① 1979～2011年《中国统计年鉴》。

第五，第三产业对就业量的牵拉作用强于第二产业对其的抑制作用。第三产业结构占比与城镇登记失业率的相关系数为负，而第二产业结构占比与城镇登记失业率的相关系数为正，前者系数的绝对值要大于后者系数的绝对值，意味着第三产业对就业量的牵引作用强于第二产业对其的抑制作用。因此，激励第三产业发展具有重要的意义和地位。尽管第三产业在国民经济中的比重从1978年的23.94%发展到2010年的43.14%，但与发达国家相比，这个数据依然不高。

二、政策建议

基于上述研究结论，给出如下对策建议：

第一，调整第二产业技术进步路径，激励劳动密集型企业发展。自1978年以来，我国选择了以资本替代劳动的技术进步路径，对以制造业为核心的第二产业进行了大规模的投资，第二产业始终处于优先的发展地位。客观上讲，这使我国迅速发展成为世界制造业大国，但第二产业中资本对劳动的替代效应超过了其创造效应。因此，应该及时调整第二产业的技术进步路径，不能一味选择短期内投资大、见效快的资本或技术密集型企业。应结合我国要素资源的特点，充分考虑到我国劳动力丰富的比较优势，在自行研发和引进技术时更多地采用劳动密集的生产方式，积极鼓励劳动密集型企业的发展。

第二，优化第三产业结构，提高竞争力。第三产业作为缓解我国严峻就业形势的最有效途径，应该把其放在优先的发展地位，实现产业模式从“二三一”向“三二一”的转变。目前，我国第三产业中吸纳劳动力最强的仍以传统服务业①为主，但其对经济增长的贡献却较为有限。如果完全依靠传统服务业，将不利于从根本上解决经济发展带来的就业问题。所以，第三产业的发展思路应该是优化结构和提高竞争力。具体手段包括：其一，运用市场竞争方式，在餐饮、商贸等传统服务业企业中引入现代公

① 传统服务业是指为人们日常生活提供各种服务的行业，大都历史悠久，如餐饮业、旅店业等。

司治理结构，提高经营效率，挖掘其就业潜力；其二，积极引导信息产业、技术服务等新兴服务业和现代服务业的发展；其三，放松对第三产业的管制，降低税率，加大融资支持，营造第三产业良好的外部环境。通过优势企业的兼并重组，逐步培育一批具有市场竞争力的大企业、大集团，进而扩大对就业的拉动作用。

第三，消除劳动力市场制度壁垒。改革开放以来，我国市场经济建设取得一定的成绩，资源配置的手段由以计划为主逐步转向以市场为主。同样，劳动力市场在劳动力资源配置中也发挥着越来越重要的作用。但不可否认，当前我国的劳动力市场还很不完善，存在许多制度性壁垒，提高了劳动力的迁移成本，降低了劳动力资源配置的效率。由此，建议政府加大举措切实改革户籍制度，弱化甚至尽可能取消附着在这项制度中的教育、医疗、住房等差别，激励要素的配置效率，使劳动力市场化得到纵深发展。

第五章

产业结构与就业结构协调关系

本章利用“结构偏离度”和“协调系数”指标测度了改革开放以来1978～2011年辽宁省三次产业结构与就业结构之间的协调程度，研究发现：辽宁省第二、第三产业结构偏离度，三次产业结构和就业结构协调系数与常规经验研究大相径庭，主要归因于改革开放以来国家经济运行制度的变迁和中央政府对于东北老工业基地特有的产业政策。利用Moore值和灰色关联分析方法测度了辽宁省就业结构滞后产业结构的具体时间为4年。在遵循国家产业政策和发挥重工业化大省的特殊作用前提下，对如何使产业结构和就业结构更好地进行协调提出了政策建议。

第一节　辽宁产业结构与就业结构偏离度和协调系数分析

通过对辽宁省三次产业结构、就业结构变动趋势分析，可以在一定程度上了解改革开放后辽宁省产业和就业结构的变化发展，找出与国内其他地区不同之处，给出合理解释。本章重点考察改革开放后的变动趋势，故选取1978～2011年辽宁省产业结构和就业结构的数据。

一、辽宁产业结构与就业结构演变情况

由图 5 - 1 1978 ~ 2011 年辽宁省三次产业增加值比重变化可以看出：第一产业产值占 GDP 比重逐步降低，从 1978 年的 14.1% 降到 2011 年的 8.6%；第二产业产值占 GDP 比重从 1978 年的 71.1% 降到 2004 年最低的 45.9%，随后又逐年上升至 2011 年的 54.7%；第三产业产值占 GDP 比重从 1978 年的 14.8% 逐年上升到 2004 年的 42.1%，其后由于第二产业比重的增加，第三产业占 GDP 比重开始小幅度下降至 2011 年的 36.7%。

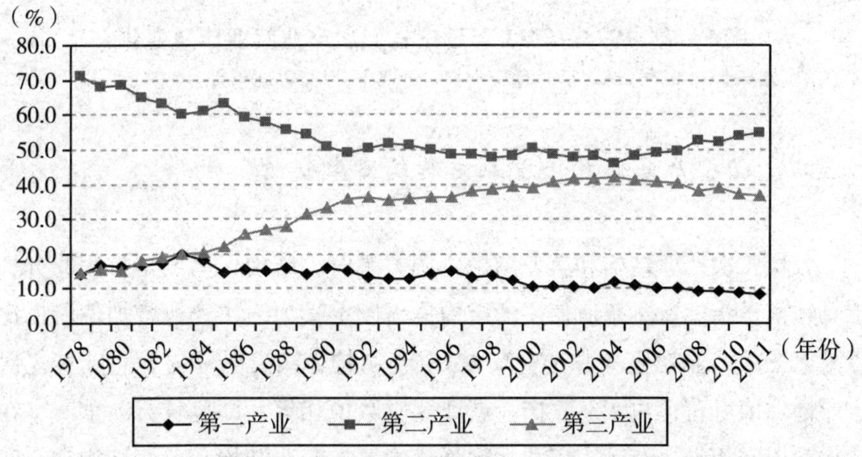

图 5 - 1　1978 ~ 2011 年辽宁省三次产业增加值比重变化

资料来源：根据 2012 年《辽宁省统计年鉴》相关数据整理。

由图 5 - 2 1978 ~ 2011 年辽宁省三次产业就业人员所占比重变化可以看出：第一产业就业人员占总就业人数的比重由 1978 年的 47.4% 降到 1996 年的 31.7%，随后又略有上升直到 2003 年的 34.7%，从 2004 年开始逐年下降到 2011 年的 29.6%。第二产业就业人员占总就业人数的比重从 1978 年的 34.6% 上升到 1988 年最高的 42.2%，之后窄幅波动持续到 1993 年，之后又从 1994 年的 38.5% 迅速下降到 2002 年的 28.7%。从 2003 年开始，就业比重逐步稳定下来，由 28.2% 小幅回落至 2011 年的 27.3%。第三产业就业人员占总就业人数的比重从 1978 年的 18.0% 上升到 2011 年最高的 43.1%，年均增长约 0.76 个百分点。

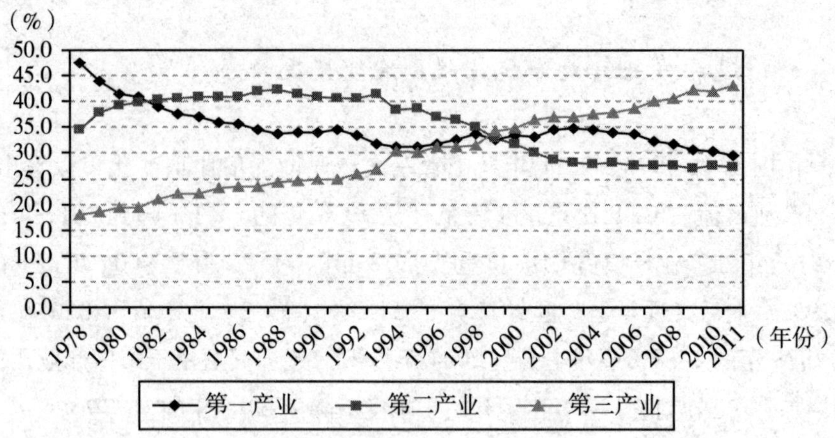

图 5－2　1978～2011 年辽宁省三次产业就业比重变化

资料来源：根据 2012 年《辽宁省统计年鉴》相关数据整理。

二、辽宁产业结构与就业结构偏离度分析

分析三次产业结构和就业结构协调关系时，结构偏离度是常用的分析工具和衡量指标。本章所使用的结构偏离度定义为三次产业增加值所占比重除以三次产业就业所占比重减去 1。当结构偏离度为零时，意味着三次产业增加值所占比重和三次产业就业比重数值相等，即比较劳动生产率在三次产业间相等，劳动力资源达到最优配置，产业结构和就业结构完全匹配，通过就业结构的改变无法促进经济增长。所以，结构偏离度越接近零值，产业结构就业结构匹配越合理，结构偏离度越远离零值，产业结构就业结构匹配越不合理，协调性越差。若某产业结构偏离度大于零，意味着此产业的增加值所占比重大于就业所占总就业人数的比重，比较劳动生产率较高，存在着劳动力流入的潜力。若某产业结构偏离度小于零，意味着此产业的增加值所占比重小于就业所占比重，比较劳动生产率较低，存在着劳动力流出的潜力。当劳动力市场流动性增强，进入和退出某产业行政性壁垒减小，劳动力资源逐渐得到优化配置，三次产业的结构偏离度也将逐步趋近于零值。相关领域学者已有经验研究表明，世界上大多数国家和地区随着经济的发展，产业结构就业结构偏离度经历了由高到低的过程，逐步趋近于零值。

从表5-1可以看到随着人均GDP的提高，除了第一产业结构偏离度不是严格趋近于零值外，第二、第三产业结构偏离度均表现出快速向零趋近，并最终稳定在零值左右。

表5-1　　三次产业结构偏离度演变的国际标准模式

标准模式	人均GDP	结构偏离度		
		第一产业	第二产业	第三产业
钱纳里、艾金农、西姆斯模式（1964年美元）	100	-0.32	0.41	0.80
	300	-0.39	0.13	0.57
	600	-0.37	0.05	0.31
	1000	-0.35	0.02	0.23
	3000	0.18	-0.03	-0.06
钱纳里、鲁滨逊、塞尔奎因（1980年美元）	<300	-0.41	2.00	1.58
	300	-0.47	2.07	1.04
	1000	-0.56	1.04	0.30
	2000	-0.60	0.70	0.13
	4000	-0.60	0.40	0.03

资料来源：根据Chenery. H. B，Elkington H.，Sims C. 和Syrquin. M and Chenery H. B. 1989中相关数据计算得出。

图5-3是“中国三次产业结构偏离度的演进趋势”，可以观察到第一产业结构偏离度始终为负值且偏离零值越来越大；第二产业和第三产业结构偏离度均快速下降，向零值趋近。由此可以看到中国产业结构与就业结构偏离度的演变趋势与国际标准模式一致。

由表5-2可以看出，随着人均GDP的上升，辽宁省第一产业结构偏离度始终为负值，1978~1983年逐渐接近于零值，从1984年开始，逐年远离零值，到2011年达到-0.71。第二产业结构偏离度1978~1991年逐渐向零值趋近，从1992年开始逐渐远离零值，到2011年为1.00。第三产业结构偏离度1978~1991年逐年上升，由负值变为正值，达到1991年最高的0.43，穿过零值；从1992年开始逐年下降，由正值逐渐变为负值，2011年为-0.15，再次穿过零值。

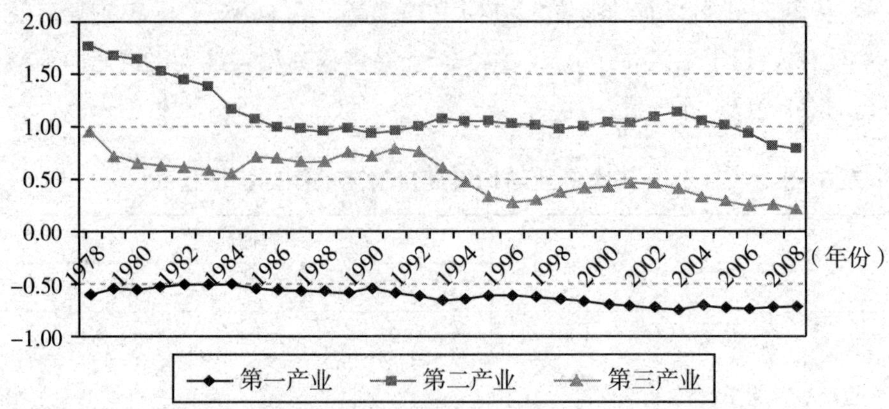

图 5－3　1978～2008 年中国三次产业的结构偏离度

资料来源：王庆丰：《中国产业结构与就业结构协调发展研究》，南京航空航天大学，2010 年。

表 5－2　　1978～2011 年辽宁省三次产业结构偏离度

年份	人均 GDP（美元）	结构偏离度		
		第一产业	第二产业	第三产业
1978	110.976	－0.70253	1.054913	－0.17778
1979	117.0144	－0.621	0.796296	－0.15761
1980	132.3552	－0.60386	0.744898	－0.21649
1981	134.3136	－0.58435	0.629073	－0.0625
1982	144.2688	－0.5527	0.577114	－0.08134
1983	165.1584	－0.46933	0.488889	－0.1
1984	196.3296	－0.50407	0.496333	－0.07658
1985	230.6016	－0.59889	0.543902	－0.03463
1986	266.5056	－0.57022	0.444988	0.089362
1987	312.8544	－0.55814	0.380952	0.135593
1988	372.912	－0.52083	0.324645	0.157025
1989	420.0768	－0.58529	0.308434	0.289796
1990	440.3136	－0.53235	0.241463	0.328

续表

年份	人均 GDP（美元）	结构偏离度		
		第一产业	第二产业	第三产业
1991	494.0064	−0.56105	0.208845	0.433735
1992	602.6976	−0.6036	0.238329	0.4
1993	818.448	−0.59248	0.251816	0.317164
1994	996.0096	−0.58333	0.327273	0.184818
1995	1122.816	−0.55128	0.283505	0.206667
1996	1261.536	−0.52681	0.316216	0.159744
1997	1423.92	−0.59385	0.337912	0.22508
1998	1536.528	−0.59226	0.365714	0.226115
1999	1646.035	−0.61774	0.454545	0.151603
2000	1824.086	−0.67665	0.583596	0.117479
2001	1960.848	−0.6747	0.60596	0.112022
2002	2121.6	−0.68605	0.665505	0.121951
2003	2328.864	−0.70317	0.712766	0.115903
2004	2584.272	−0.65116	0.639286	0.119681
2005	3112.877	−0.67742	0.711744	0.084656
2006	3576.365	−0.7003	0.772563	0.056995
2007	4252.502	−0.68519	0.800725	0.002494
2008	5179.805	−0.70219	0.905455	−0.06158
2009	5736.317	−0.69608	0.911765	−0.08294
2010	6912.336	−0.70957	0.953069	−0.11667
2011	8283.999	−0.70884	1.002698	−0.14831

资料来源：根据2012年《辽宁省统计年鉴》相关数据整理得出。

由图5-4更加直观地看出，辽宁省的第一产业结构偏离度的演进趋势和全国的第一产业结构偏离度的演进趋势近似，但第二、第三产业的结构偏离度的演进趋势与国际标准模式和中国的结构偏离度演进趋势相比却大相径庭。

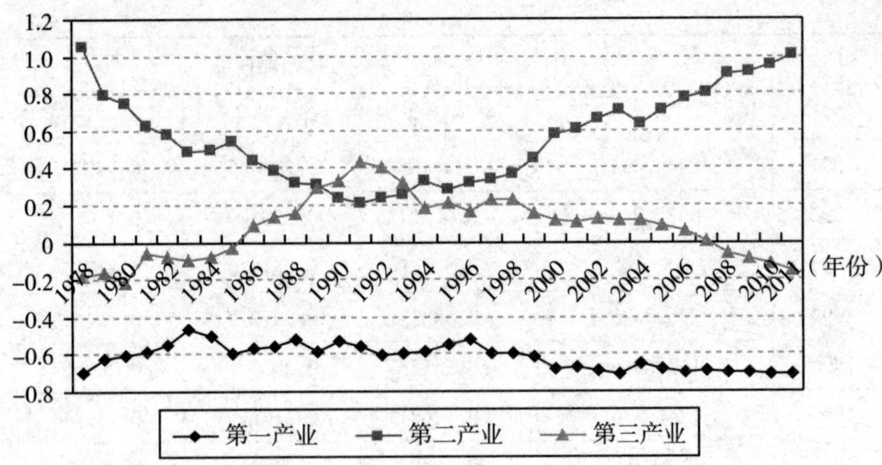

图 5-4　1978~2011 年辽宁省三次产业结构偏离度变动趋势

资料来源：根据 2012 年《辽宁省统计年鉴》相关数据计算得出。

第二产业的结构偏离度从 1978 年的 1.05 下降到 1991 年的 0.21，年均下降 0.06，反映出第二产业从业人员的增加快于产值的增加。但从 1991 年以后，情况发生了逆转，第二产业的结构偏离度从 1992 年的 0.24 上升到 2011 年的 1.00，年均上升 0.04，反映出第二产业增加值的增加快于第二产业的就业人数的增加，所以结构偏离度出现了违背国际标准模式和中国第二产业结构偏离度趋向于零的经验现象。

第三产业的结构偏离度和第二产业的结构偏离度变动趋势呈相反方向，由 1978 年的 -0.18 上升到 1991 年的 0.43，年均增长 0.04。随后结构偏离度掉头向下，由 1992 年的 0.40 下降到 2011 年的 -0.15，年均下降 0.03。

三、辽宁省产业结构与就业结构协调系数分析

结构偏离度可以反映出三次产业的产业结构就业结构与协调情况，但从整体上更加直观地考察一个地区的结构协调程度，需要引入协调系数这个指标。协调系数指标用来反映所研究的两种结构之间的相似程度。1989 年，联合国工业发展组织为了衡量不同地区的产业结构相似程度，提出了

产业结构相似系数的计算公式。①

根据产业结构相似系数的计算公式，改变变量的定义，可以衡量某地区内产业结构和就业结构的相似程度，将其命名为产业结构就业结构协调系数，该系数从整体上反映某地区产业结构就业结构的协调程度。令：

$$C_{ie} = \sum_{j=1}^{n}(I_jE_j) / \sqrt{\sum_{j=1}^{n}I_j^2\sum_{j=1}^{n}E_j^2}$$

其中，C_{ie}表示产业结构与就业结构协调系数，且有$0 \leqslant C_{ie} \leqslant 1$。$I_j$为第$j$产业 GDP 所占比重，$E_j$为第$j$产业就业所占总就业人数比重，$j$的取值按照三次产业的标准进行。$C_{ie}$越接近于0，表明一国或地区产业结构与就业结构协调程度越差，二者之间越不均衡；C_{ie}越接近于1，表明一国或地区产业结构与就业结构协调程度越好，二者之间越均衡。

根据产业结构就业结构协调系数计算公式计算出辽宁省的结构协调系数（见表5－3）。

表5－3　　1978～2011年辽宁省产业结构就业结构协调系数

年份	协调系数	年份	协调系数
1978	0.747564	1987	0.923747
1979	0.823347	1988	0.937279
1980	0.843385	1989	0.923504
1981	0.866841	1990	0.935466
1982	0.886749	1991	0.925788
1983	0.916971	1992	0.921907
1984	0.91194	1993	0.93204
1985	0.892826	1994	0.934035
1986	0.910879	1995	0.941395

① 产业结构相似系数计算公式为：$S_{ij} = \sum_{k=1}^{n}(X_{ik}X_{jk}) / \sqrt{\sum_{k=1}^{n}X_{ik}^2\sum_{k=1}^{n}X_{jk}^2}$，其中，$S_{ij}$是$i$区域和$j$区域的产业结构相似系数，$X_{ik}$是$i$区域$k$产业 GDP 所占比重，$X_{jk}$是$j$区域$k$产业 GDP 所占比重，$0 \leqslant S_{ij} \leqslant 1$。如果$S_{ij}$为0，则表示区域$i$与区域$j$的产业结构完全不同；如果$S_{ij}$为1，则说明两区域产业结构完全相同。

续表

年份	协调系数	年份	协调系数
1996	0.942162	2004	0.889577
1997	0.925649	2005	0.878325
1998	0.919615	2006	0.86998
1999	0.914239	2007	0.875553
2000	0.889291	2008	0.85912
2001	0.890641	2009	0.86543
2002	0.878515	2010	0.854956
2003	0.869448	2011	0.850005

资料来源：根据历年《辽宁省统计年鉴》有关数据计算得出。

根据表5-3做出变化趋势图（见图5-5）。

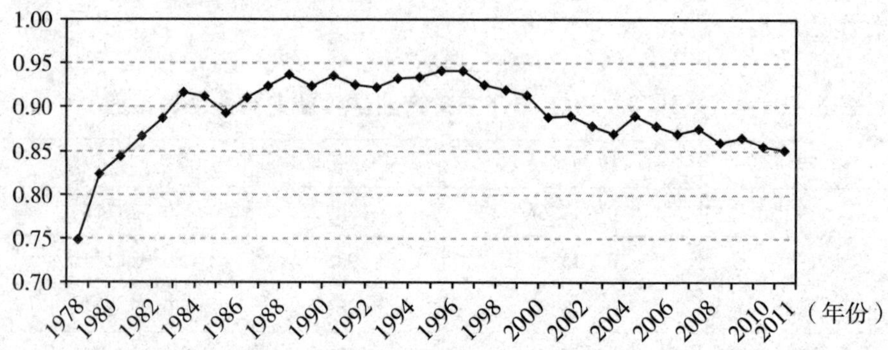

图5-5　1978~2011年辽宁省产业结构与就业结构协调系数变化趋势

资料来源：根据历年《辽宁省统计年鉴》有关数据计算得出。

王庆丰（2010）关于1978~2008年中国产业结构与就业结构协调系数变化趋势的研究显示，1978~2003年结构协调系数经历了上升下降再上升再下将，从2003年开始结构协调系数逐年上升，从2003年的0.7340上升到2008年的0.8295。由表5-3和图5-5所示，辽宁三次产业结构和就业结构协调系数从总体上反映了辽宁省产业结构和就业结构的协调程度，与王庆丰（2010）所做的中国产业结构就业结构协调系数的变动趋势大有不同。从1978年的0.748上升到1983年的0.917，年均上涨0.034，反映出改革开放后，辽宁省产业结构和就业结构的协调程度改善，资源配置从改革开放前的极度扭曲有所改观。之后大致稳定在 0.91～0.94，一直持续到 1996 年。从 1997 年开始，协调系数显著减低，从 0.926 下降到 2011 年的 0.850，年均降 0.005。

第二节　辽宁就业结构滞后产业结构调整的时间测度

产业结构就业结构偏离度和协调系数指标是对一个国家或地区结构协调程度的比较静态分析，而产业结构与就业结构互动演变也是一个动态调整过程，产业结构的优化升级带动就业结构做相应的调整，就业结构的调整也会反过来影响产业结构的优化升级。但国内外历史经验表明，产业结构和就业结构的改变并不是同步的，一般来说就业结构总是滞后于产业结构变动的。若就业结构滞后产业结构变动时间过长，则说明一个国家或地区的就业结构调整缓慢，劳动力市场不能充分流动，不利于产业结构的优化升级，也就减慢了经济增长速度。

为了准确测算辽宁省就业结构是否滞后产业结构以及具体的滞后时间，利用摩尔（Moore）结构值和灰色关联分析法结合时间平移来确定。

摩尔（Moore）于 1978 年提出利用空间向量夹角的改变来衡量产业结构变动程度。具体方法为将三次产业增加值占 GDP 比重视为一组三维变量，某个产业所占比重变化后，空间向量的夹角就会产生变化，将三次产业增加值占 GDP 比重改变所引起的向量夹角的矢量变化累加起来，就得到不同时期产业结构变动程度的指标，将此指标称为产业变动的摩尔结构变化值。其计算公式为：

$$r = \sum_{i=1}^{n} (I_{it_1} I_{it_2}) / \sqrt{\sum_{i=1}^{n} I_{it_1}^2} \sqrt{\sum_{i=1}^{n} I_{it_2}^2}$$

其中，I_{it1} 为第 t_1 期第 i 产业产值占 GDP 比重，I_{it2} 为 t_2 期第 i 产业产值占 GDP 比重。Moore 值 r 表示 t_2 期和 t_1 期相比产业结构变化程度，r 取值为 $[0, \pi/2]$。r 的取值越大，表明两个时期内产业结构变动越剧烈；r 的取值越小，表明两个时期内产业结构变化的程度越小。

根据摩尔结构值计算公式及 1978～2011 年辽宁省产业结构和就业结构

数据，以1978年为起始年，以1年为时间间隔，计算出1979～2011年辽宁省产业结构和就业结构的摩尔结构值（见图5－6）。

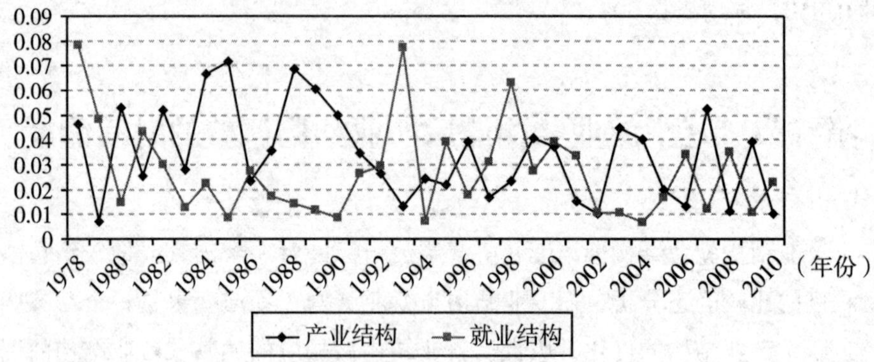

图5－6　1978～2010年辽宁省产业结构与就业结构摩尔结构值变化

资料来源：根据历年《辽宁省统计年鉴》有关数据计算得出。

根据图5－6可以看出辽宁省产业结构和就业结构年均波动数值较小，均低于0.08，波动较为频繁，大体规律是每隔一年高低相间排列，但总体波动幅度较小。就业结构波动的规律明显滞后于产业结构波动规律，就业结构两个显著的波峰明显滞后于产业结构两个显著波峰，具体滞后时间可以根据灰色关联度进行定量测算，精准找出滞后时间。

灰色系统理论是由邓聚龙于1982年首创的一种系统科学理论。其中的灰色关联分析是其一个重要组成部分。灰色关联分析是在参考数列和比较数列动态变化过程中，以参考数列和比较数列的几何图形相似程度来判断其联系是否密切，以灰色关联度作为关联程度的指标。与参考序数关联度越大的比较数列，其几何图形与参考数列越相似，其与参考数列的关系越紧密。

设系统参考序列为 X_0，系统比较序列为 X_i：

$$X_0 = [X_0(1), X_0(2), \cdots, X_0(n)]$$

$$X_i = [X_i(1), X_i(2), \cdots, X_i(n)](i = 1, 2, \cdots, m)$$

系统参考序列和系统比较序列的始点零化像为：

$$X_0^0 = X_0^0(1), X_0^0(2), \cdots, X_0^0(n)$$

$$X_i^0 = X_i^0(1), X_i^0(2), \cdots, X_i^0(n)$$

$$X_i^0(k) = X_i(k) - X_i(1)(i = 1, 2, \cdots, m;\ k = 1, 2, \cdots, n)$$

令：

$$|s_0| = \left| \sum_{k=2}^{n-1} X_0^0(k) + \frac{1}{2} X_0^0(n) \right|$$

$$|s_i| = \left| \sum_{k=2}^{n-1} X_i^0(k) + \frac{1}{2} X_i^0(n) \right|$$

$$|s_i - s_0| = \left| \sum_{k=2}^{n-1} (X_i^0(k) - X_0^0(k)) + \frac{1}{2}(X_i^0(n) - X_0^0(n)) \right|$$

$$\varepsilon_{0i} = \frac{1 + |s_0| + |s_i|}{1 + |s_0| + |s_i| + |s_i - s_0|} \quad (i = 1,2,\cdots,m)$$

ε_{0i}即为序列 X_0和 X_i的灰色关联度。在比较系统参考数列和系统比较数列关联程度时，参考数列和各个比较数列的关联度的大小次序是重要的，而关联度的绝对数值是次要的。系统参考数列和某一个比较数列的关联度排在首位，则参考数列和这个比较数列的关联程度最高，两个数列曲线的几何相似程度也最大，由此可以推断出就业结构滞后于产业结构的具体时间。

针对产业结构和就业结构的灰色关联分析，首先选取相同时间跨度的系统参考数列和比较数列，参考数列不变，然后将比较数列逐次向后推移 1 年，分别计算出参考数列和比较数列的灰色关联度，选取关联度最高时的比较数列，观察其向后推移的具体时间，即为就业结构滞后产业结构的时间。

针对产业结构和就业结构的灰色关联分析，首先选取相同时间跨度的系统参考数列和比较数列，参考数列不变，然后将比较数列逐次向后推移 1 年，分别计算出参考数列和比较数列的灰色关联度，选取关联度最高时的比较数列，观察其向后推移的具体时间，即为就业结构滞后产业结构的时间。

采用灰色关联分析方法，选取 1982 ~ 1991 年的产业结构摩尔值作为系统基准参考数列 X_0，选取 1982 ~ 1991 年就业结构摩尔值作为系统比较数列 X_i，则其灰色关联度记为 ε_{00}。保持基准参考数列不变，就业结构摩尔值向后推迟 1 年，记移动时间（T）为 1，灰色关联度记为 ε_{01}，依次类推，计算滞后 14 期[①]的灰色关联度数值，选取其中最大的值，就业得出移动时

① 对于产业结构和就业结构灰色关联度的数值大体上一般是先上升后下降，选取 14 个滞后时期以确保可以找到最大值。

间的数值，即为滞后时间。

由表5－4可以看到当滞后期T为4时，灰色关联度达到最大值，即就业结构向后移动4年，其基于摩尔结构值的波动图形与产业结构基于摩尔结构值的波动图形最为接近。因此可以得出辽宁省就业结构滞后产业结构时间跨度为4年。而王庆丰和党耀国（2010）测算中国就业结构滞后产业结构的具体时间为5年。辽宁省就业结构滞后产业结构时间比全国的数据少1年，意味着辽宁省就业结构跟随产业结构的变动较全国更为迅速。但是滞后4年也说明了劳动力市场的流动性不充足，产业结构的转变未能迅速地引起就业结构相应的转变，对经济增长产生了不利影响。

表5－4　　产业结构与就业结构摩尔值的灰色关联度

滞后时期	灰色关联度	滞后时期	灰色关联度
0	0.9209	7	0.8633
1	0.9427	8	0.8328
2	0.9893	9	0.9112
3	0.8764	10	0.9240
4	0.9979	11	0.7917
5	0.9190	12	0.8446
6	0.8963	13	0.9367

资料来源：根据历年《辽宁省统计年鉴》的数据计算得出。

第三节　辽宁产业结构与就业结构协调关系背离国际标准的成因分析

从辽宁产业结构与就业结构偏离度的演变路径可以看出第二产业和第三产业结构偏离度变化的明显转折点是1991年，第一产业结构偏离度从1996年开始形成明显的下降趋势并远离零点。从辽宁产业结构与就业结构协调系数的演变路径可以看出从1996年的最高点0.942逐年下降至2011年的0.850。由于从1991年开始，第二产业结构偏离度逐渐远离零点，而第三产业结构偏离度开始向零点靠近，第一产业结构偏离度未有明显的远离零点的趋势，综合来看协调程度在此时间点并未产生明显的变化趋势。从1996年开始，第一产业和第二产业结构偏离度远离零点的叠加效应超过了第三产业结构偏离度向零点靠近的效应，致使协调系数开始逐年下降。总的来说，辽宁产业结构与就业结构偏离度和协调系数在反映结构协调程度方面变动方向基本一致。然而辽宁产业结构与就业结构偏离度和协调系数的变化轨迹却与国际标准及中国的经验数据大相径庭，分析其原因是辽宁优化产业结构和促进就业等政策制定的基础。

辽宁省的第一产业结构偏离度的演进趋势和国际标准模式及中国的第一产业结构偏离度的演进趋势近似。

第二产业的结构偏离度从1978年的1.05下降到1991年的0.21，反映出改革开放后第二产业从业人员的增加快于产值的增加。但从1991年以后，结构偏离度从趋近零值向逐渐远离零值的方向变化，从1992年的0.24上升到2011年的1.00，反映出第二产业增加值的增加快于第二产业的就业人数的增加，这是由于辽宁省过去重工业基地遗留下的国有企业职工冗员过多，去冗员化所造成的结果。从20世纪90年代初开始，第二产业企业逐渐引入现代企业制度，提高效率，剥离冗员，使产值迅速增加时就业人员增加缓慢或减少。2003年10月，中共中央、国务院发布《关于实施东北地区等老工业基地振兴战略的若干意见》，随着该意见的逐步实施，中央企业逐渐剥离掉社会职能，厂办大集体进行市场化改革，有些国有企业政策性破产。2009年9月，中共中央、国务院发布《关于进一步实施东北地区等老工业基地振兴战略的若干意见》，提出加快推进企业兼并重组，做优做强支柱产业，扶持重点产业集聚区加快发展等措施。这些政策都推进了第二产业产值的迅速增长，而第二产业劳动力的就业比重不但未能上涨，反而出现了下跌。所以结构偏离度出现了违背国际标准模式和中国整体第二产业结构偏离度趋向于零的经验现象。

第三产业的结构偏离度和第二产业的结构偏离度呈现相反方向变动，由1978年的-0.18上升到1991年的0.43，其后结构偏离度由远离零值变为逐渐向零值靠近，由1992年的0.40下降到2011年的-0.15。1978~1991年，作为东北工业基地之一的辽宁省主要以钢铁和机械重工业为支柱，吸纳了大量的就业，加之当时的观念认为“做产业工人光荣”，由此吸引了本应进入第三产业的就业人员，致使第三产业的结构偏离度上升。随后的东北工业基地国有企业减员增效，大批工人下岗，下岗工人再就业很多流入了第三产业，使第三产业的从业人员不断增加，使其结构偏离度逐年下降，从 2008 年开始变为负值，并进一步降低。

由于产业结构与就业结构协调系数和产业结构与就业结构偏离度在反映结构协调程度方面变动方向基本一致。基于同样的原因，从 1997 年开始，辽宁产业结构与就业结构协调系数显著减低，从 0.926 下降到 2011 年的 0.850。这个时候第二产业增加值所占比重一直稳定在 48%～50%，而就业所占比重从 1997 年的 37.0% 快速下滑至 2002 年的 28.7%，第二产业的劳动力向第一、第三产业分流，第一、第三产业劳动力所占比重分别由 32.5%、31.1% 上升到 2002 年的 34.4%、36.9%。而第一产业产值所占比重由 13.2% 下降为 2002 年的 10.8%，第三产业产值所占比重由 38.1% 上升到 2002 年的 41.4%。第一、第二产业结构偏离度显著地向远离零值的方向变动，产业结构与就业结构协调系数快速下降。辽宁省通过发挥原有工业基础优势，提高技术水平和自主创新能力，加快了产业结构转型，第二产业产值比重由 2004 年的 45.9% 提升到 2011 年的 54.7%，就业比重由 2004 年的 28.0% 下降到 2011 年的 27.3%。第三产业的产值比重由 2004 年的 42.1% 下降为 2011 年的 36.7%，而就业比重由 2004 年的 37.6% 上升到 2011 年的 43.1%。由于第二、第三产业的产值比重和就业比重的反向变动，结构协调系数由 2004 年的 0.890 逐步下降到 2011 年的 0.850。

通过辽宁省的产业结构、就业结构偏离度与国际标准模式和中国产业结构、就业结构偏离度的对比分析可以得出：辽宁省的结构偏离度有其自身的演进模式，不同于常规经验的逐渐趋向于零。这与国家的产业战略有很大关系，经历了计划经济体制配置资源到逐步依靠市场经济体制配置资源，在产业结构和就业结构演进道路上走出了不一样的模式。从时间上看，2003 年以前主要是制度变迁的因素起作用，2003 年以后体制转轨所带来的失业问题有所缓解，但又叠加了东北振兴的再工业化过程中重化工业重振的结构调整因素。这一违背常规经验的演进模式并未阻碍经济增长，反而优化了劳动力资源配置，虽然第一产业和第二产业结构偏离度近年来逐渐远离零值，但这是由于计划经济体制下大量冗余劳动力长期滞留第二产业的极度扭曲的配置造成的。另外，国家振兴东北老工业基地的产业政策定调东北地区走新型工业化道路，加大自主创新和技术改造，使生产效率大为提高，对劳动力就业的吸纳能力有限，所以辽宁省的结构偏离度近年来逐渐远离零值是提升资源配置效率和符合经济发展规律的。辽宁省在国家战略中是重工业化大省，由于产业政策和国民经济发展中的特殊作用，产业结构和就业结构的比例不一定要向国际标准结构趋近，但是三次产业结构和就业结构偏离度随着市场经济体制的进一步完善，最终应当遵从国际标准模式逐渐趋向于零。

第四节　本章结论与政策建议

改革开放以来，中国的产业结构与就业结构不断进行调整变动，产业结构决定着就业结构变动的方向，就业结构也反作用于产业结构，起到促进或阻碍作用。经验研究证明随着产业结构和就业结构相互适应，偏离度降低，协调程度增加，能够更好促进经济发展和人们生活水平的提高。以辽宁省为例来审视东北老工业基地产业结构就业结构协调性，并与国际、国内比较分析对东北地区产业就业状况有一个全面、客观的了解，对政府制定决策提供理论依据。

一、研究结论

第一，辽宁省的第一产业结构偏离度的演进趋势和全国的第一产业结构偏离度的演进趋势近似。但第二、第三产业的结构偏离度的演进趋势和全国的相比却大相径庭。

第二，产业结构与就业结构协调系数和产业结构与就业结构偏离度在反映结构协调程度方面变动方向基本一致。

第三，辽宁产业结构与就业结构演变方式与国际标准背离，并不说明辽宁的资源配置趋于恶化，而只是表明辽宁在大规模制度变迁与产业政策调整的背景下产业结构与就业结构的一个演变过程，这一演变过程与传统体制下及体制转轨初期隐性就业的长期存在相比，是结构优化而不是恶化。

第四，通过分别计算辽宁省产业结构和就业结构逐年变动的摩尔值，发现产业结构和就业结构波动较为频繁，大体规律是每隔一年高低相间排列，但总体波动幅度较小。就业结构波动的规律明显滞后于产业结构波动规律。为了精确量化滞后时间，基于产业结构和就业结构逐年变动的摩尔值，通过灰色关联方法计算出辽宁省的就业结构滞后于产业结构 4 年。这 4 年恰好是大学本科教育的周期。

二、政策建议

第一，促进劳动力的城乡自由流动。辽宁省第一产业的结构偏离度为负值，并且过低，需要进一步促进农村劳动力转移。尽快实施城乡统筹的就业和社会保障，改革户籍制度，在就业、医疗和教育方面给予进城农民同等的权利。提升农业生产率，农地集中经营，充分利用规模优势，使农业产值占比和农业劳动力占比逐步协调。

第二，加强第二产业吸纳就业的能力。第二产业的结构偏离度过高，意味着重工业化吸纳就业的能力下降。在促进高新技术产业发展的同时，鼓励扶植为产业配套的中小微企业的发展，给予税收和信贷等政策的优惠，大力建设信息服务平台，使中小微企业行业准入门槛降低，经营环境改善。这样同处于第二产业，有大量配套的中小微企业，高技术产业升级带来的对劳动力的挤出就能得到很大缓解。

第三，大力发展知识型、高附加值现代服务业。近年来辽宁省第三产业的比重由于第二产业产值的快速增加有所下降，结构偏离度也变为负值，并有进一步下降的趋势。通过产业政策引导，转变传统的服务业向高附加值、知识型现代服务业转变，重点发展金融、物流、移动互联、信息服务、旅游会展等行业。加快劳动力向第三产业转移，除了政府在产业政策上积极引导社会资本向现代服务业流动外，还需要改善教育结构，根据未来市场需求配置教育资源的流向。一方面鼓励发展职业教育和职业培训，另一方面培育适应新型服务业的高素质劳动力。建立就业信息平台，加强就业指导服务，将产业政策和就业政策很好结合起来。

第四，改变教育结构以适应产业结构的变化。教育结构随产业结构变动及时做出调整，为就业结构快速适应产业结构变动打好基础。根据产业结构变动的趋势和程度，教育结构在专业设置和招生规模上及时适应产业结构变动。为了缩短就业结构滞后产业结构时间，教育结构适应产业结构的转变还要有前瞻性。除了教育结构体制性的改变外，在职培训、短期教育和职业教育也是重要的补充，它们能够快速应对产业结构的转变，政府在这方面应给予更多的政策倾斜。在教育结构逐渐适应产业结构变动的基础上，需要建立就业信息平台，加强就业指导服务，使劳动力更好更快地和工作岗位相匹配。

第六章

产业结构与就业结构的演进趋势分析

产业部门是就业的直接载体，当生产要素从低效率部门向高效率部门流动时，会造成不同部门之间的此消彼长，处在动态变化之中，这种产业结构的变动必然导致劳动力在不同产业之间转移流动，从而导致就业结构的变化。在这一互动过程中，产业结构与就业结构相互影响、相互制约，呈现出某种内在联系。国民经济的健康发展要求产业结构与就业结构相互适应、彼此协调，即产业结构的演进要有合理的就业结构与之相适应，否则产业结构的调整升级就会受到阻碍。因此，明确产业结构与就业结构的相互关系及演进规律，对两者之间的变动进行预测，具有重要的理论意义和应用价值。

第一节　相关文献研究进展

经济学家对产业结构与就业结构变动的研究主要以经验分析为主，并得到了一般规律。17 世纪，配第发现部门之间相对收入差异是劳动力在产业部门之间流动的重要原因，随后英国经济学家克拉克在考察了众多国家产业结构间劳动要素转移的问题并得出结论，随着人均国民收入的提高，劳动力首先由第一产业向第二产业转移，当人均国民收入水平进一步提高时，劳动力便向第三产业转移。配第与克拉克的发现被统称为配第—克拉克定理。库兹尼茨（Kuznets，1971、1973）在对劳动投入、资本投入与经济增长的关系进行了统计分析后认为，经济结构不断调整和转变必然带动就业结构的变化。钱纳里（Chenery，1960）、钱纳里和赛尔昆（Chenery and Syrquin，1975）在构建世界发展模型的基础上，运用了大量的统计数据研究了工业化问题，认为工业化、城市化与劳动力转移是结为一体的互动过程。

早期的研究成果为产业结构演进和劳动力转移提供了重要理论的依据，此后学者的研究均以此为基础。法比奥（Fabio，2002）通过建立结构改变和产业增长的演变模型，分析了两者之间的决定因素，这种分析是建立在不同经济部门异质性企业行为之上。卡罗莱纳（Carolina，2000）用偏离—份额方法评价了欧洲、美国、日本制造业和服务业相对权重的结构变化过程。岩男尾崎（Iwao Ozaki，1975）以 1955～1968 年日本经济发展的经验为基础，研究了产业发展模式、就业结构和政府产业政策的相互关系。

在国内学者的研究中，李江帆和黄少军（2001）通过分析亚洲“四小龙”的产业结构演变，发现其演变过程符合产业结构演进规律，并得出经济体制对产业结构有明显影响的结论。张守一（1989）指出，美国产业变迁遵循了产业演变的一般规律，其就业结构与产业结构的变化具有相同趋势。景跃军（2004）以第二次世界大战后美国经济发展和产业结构关系为主线，研究了美国产业结构演变及经济发展的趋势，并预测了未来 15 年美国产业结构变动的趋势。徐广军（2010）通过对第五长波中美国产业演进的态势分析提出中国应采取的产业演进模式。王庆丰（2010）研究了中国产业结构与就业结构的演进历程并进行了预测，结果表明中国产业结构的工业化趋势将进一步明显，而就业结构在 2011 年演变为“三—二”格局。奉莹（2009）采用人工神经网络的方法建立了就业结构模型，对 1978 年以来中国就业结构的演变过程及其影响因素进行了研究，并对中国的就业结构以及就业的产业结构进行了仿真和预测。梁艳菊等（2006）通过对重庆历年经济数据的分析，研究了重庆产业结构和就业结构变动趋势，发现重庆第三产业吸纳劳动力的能力有逐渐下降并向第二产业流动的趋势。胡华敏（2007）论述了河南产业结构调整状况，分析了河南就业结构非农化变动的特征，并预测了产业结构与劳动力就业结构转移发展的趋势。徐向东（2009）和李艳（2006）分别对广东、陕西的产业结构与就业结构演进进行了分析。从现有文献可以看出，对产业结构和就业结构的预测多数以某一省份或城市为对象进行变动趋势的分析，但从整体上预测中国产业结构和就业结构的研究并不多。

需要强调的是，在运用各种智能方法对产业结构与就业结构关系进行分析和预测的过程中，很多学者直接对产业结构和就业结构比例进行研究，而采用比例预测要克服定和等于1的约束限制，虽然学者们设计了各种映射方法对成分数据降维，但是由于采用的方法不同，导致预测结果也不尽相同。针对这一具体问题，本章运用灰色预测模型，对1978年以来中国产业结构和就业结构演进轨迹进行了深入分析，对三大产业产值和各产业就业人数进行了总体预测，并根据预测值计算出产业结构和就业结构比例，由此预测未来发展趋势。由于产业结构最终是各产业产值的间接反映，不直接对产业结构及就业结构比例进行预测，避免了由于考虑约束条件导致的预测结果不准确。

第二节　1978～2013年中国产业结构与就业结构演进轨迹

一、产业结构与就业结构时间序列演进轨迹

根据历年的《中国统计年鉴》的数据，1978年以前，由于中国长期实行计划经济体制下的重工业优先发展战略，第二产业产值比重过高，三大产业结构严重扭曲。1978年至今，中国三大产业比例发生了巨大变化，其变动趋势基本符合经济发展的规律，因而本章对1978年以来的数据进行深入分析，从中总结规律并对未来发展进行预测。图6-1按年份绘制了中国第一、第二和第三产业结构的变动趋势。从图6-1中可以看出，1978年至今，中国三大产业比例发生了巨大变化，其变动趋势基本符合经济发展规律，表现为：第一产业占GDP比重持续下降，由1978年的28.2%下降

到2013年的10%，下降了18.2个百分点，第一产业占比减少了一半多；第二产业上下波动变化不大，由1978年的47.9%下降到2013年的43.9%，下降了4个百分点；第三产业除个别年份稍有下降外，基本保持上升趋势，由1978年的23.9%上升到2013年的46.1%，上升了22.2个百分点，增长了近1倍。

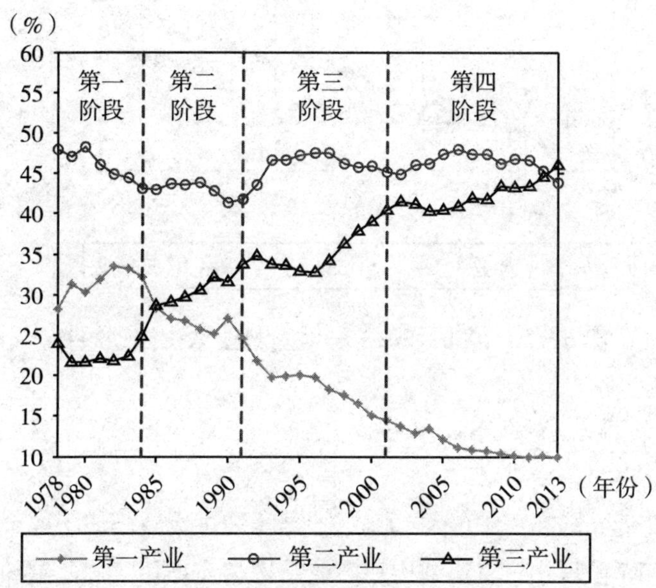

图6-1　1978~2013年中国产业结构变动趋势

同样，对中国1978~2013年的就业结构数据进行分析，变化趋势如图6-2所示。从图6-2中可以看出，从1978年开始，由于工业化进程的推进，第二产业劳动力就业份额不断上升，其就业比重由17.3%上升到30.1%，上升了12.8个百分点，但随着工业化进程中技术含量的提高，第二产业对劳动力的需求相对减少，就业份额上升趋缓。这一时期也是中国农村劳动力快速转移的时期，劳动力逐渐转向第二、第三产业，第一产业就业份额大幅下降，从1978年的70.5%下降到2013年的31.4%，下降了39.1个百分点，平均每年下降超过1个百分点；第三产业劳动力就业份额明显提高，由12.2%上升到38.5%，上升了26.3个百分点。1978年以来，劳动力从农业、制造业向服务业转移，这也符合现代科技和社会经济发展的必然趋势。

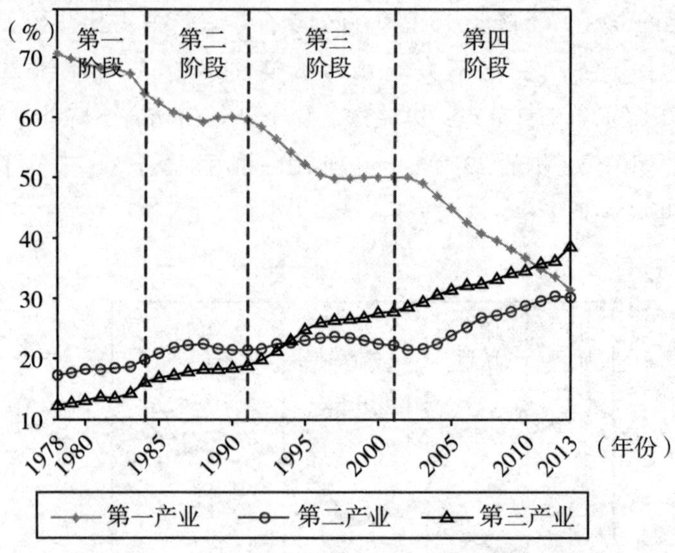

图 6-2　1978 ~ 2013 年中国就业结构变动趋势

二、演进规律的阶段性分析

总体来看，1978 ~ 2013 年中国产业结构演进大致经历了四个不同的阶段，在这四个阶段中，就业结构和产业结构相互作用、彼此制约，呈现鲜明的格局变化特征。

(一) 第一阶段：1978 ~ 1984 年

1978 年以后，中国在农村实行了家庭联产承包责任制和农产品价格体系两大改革，使农业释放出巨大的潜力，极大地推动了第一产业的发展，第一产业占 GDP 比重迅速上升，由 28.2% 上升到 34.1%。同时，轻纺工业等消费品也得到了很大的发展，重工业比重有所下降，轻重工业的比重关系得到调整，第二产业产值比重由 47.9% 下降到 43.1%。第三产业方兴未艾，由 23.9% 上升到 24.8%。此时，产业结构呈现“二一三”格局。

在此期间，由于家庭联产承包责任制的全面实施使得作为劳动力蓄水池的第一产业释放了大量的剩余劳动力，第一产业就业比重由 70.5% 下降到 64.0%，下降了 6.5 个百分点，而第二、第三产业分别上升了 2.6 个和 3.9 个百分点。此时，就业结构呈现“一二三”格局。

（二）第二阶段：1985～1991 年

随着家庭联产承包责任制的实施，农业的生产力接近全面释放，第一产业产值比重短暂上升后开始逐步下降，由 28.4% 下降到 24.5%。第二产业比重小幅下降，由 42.9% 下降至 41.8%。随着中央出台了一系列鼓励和促进轻工业发展的政策与措施以及加大对第三产业的支持力度，第三产业迅猛发展，由 28.7% 上升至 34.8%，特别是在 1985 年，第三产业产值比重超过第一产业。此时，产业结构呈现“二三一”格局。

而在劳动力方面，20 世纪 80 年代中期，随着改革力度加大，乡镇企业发展较快，城镇国有企业和乡镇企业对农村剩余劳动力的吸纳能力增强，因而在 1978～1988 年第一产业劳动就业份额下降了 10.5%。但由于 1989～1991 年为治理整顿时期，第一产业就业份额基本上徘徊在 60% 左右，而第二、第三产业仅上升 0.6% 和 3%。此时，就业结构仍呈现“一二三”格局。

（三）第三阶段：1992～2001 年

随着社会主义市场经济体制的确立以及非公有制经济的发展，个体经济和私营经济大量涌现并迅速发展，第三产业得到大力发展，10 年间，第三产业产值比重由 34.8% 上升至 40.5%，增加了 5.7%。第一产业比重下降的趋势没有改变，由 21.8% 下降到 14.4%，下降了 7.4 个百分点。第二产业比重在波动中小幅上升，由 43.5% 上升到 45.2%，上升了 1.7 个百分点。此时，产业结构仍呈现“二三一”格局。

就业结构中，第一产业就业比重下降了 8.5%，而从 1998 年开始，由于国有企业改革，大批职工面临下岗，因而第二产业难以吸纳由第一产业转移出来的劳动力，在这 10 年间，第二产业就业比重仅上升 0.6%，相对就业比重趋稳，而第三产业比重上升了 7.9%，这表明从第一产业转移出来的劳动力越过了第二产业，直接向第三产业转移。特别是在 1995 年，第三产业就业比重超过第二产业。此时，就业结构呈现“一三二”格局。

（四）第四阶段：2002～2013 年

从 2002 年开始，中国全面融入全球经济体系，第一产业产值比重继续下降，2013 年，第一产业产值比重仅占 GDP 的 10%，第二产业比重在波动中小幅下降，下降了0.9%，第三产业比重继续上升，由41.5%上升到46.1%，第二、第三产业比重差距越来越小。到2013年，第三产业产值比重首次超越第二产业，高出2.2个百分点。此时，产业结构呈现“三二一”格局。

中国加入WTO后，工业特别是加工制造业得到了迅速发展，中国逐渐成为“世界工厂”。12年间，第二产业就业比重由21.4%上升到30.1%，提高了8.7个百分点。同时，第三产业就业比重由28.6%提高到38.5%，提高了9.9个百分点。尤其在2011年，第三产业就业比重超过第一产业。此时，就业结构呈现“三一二”格局。

第三节　中国产业结构与就业结构演变预测

灰色系统理论是以部分信息已知、部分信息未知的小样本和贫信息不确定性系统为研究对象，主要通过对部分已知信息的生成、开发，提取有价值的信息，实现对系统运行规律的正确认识和确切描述。而以灰色系统理论为基础的灰色预测模型，能够通过少量的、不完全的信息，建立灰色微分预测模型，对事物发展规律做出模糊性的长期科学预测。由于这一特点，灰色预测模型非常适合对经济系统、社会系统和生态系统等高度不确定系统进行预测和估计。据此，本章采用这一理论对中国产业结构和就业结构进行预测。

一、GM（1，1）灰色预测模型基本思想

灰色预测模型以GM（1，1）模型为基础，GM（1，1）模型是一阶单变量的微分方程动态模型，主要应用于时间序列预测。在建模前，先对原始数据进行预处理。设原始时间数列为 $X^{(0)}(t)=[x^{(0)}(1),x^{(0)}(2),\cdots,x^{(0)}(n)]$。令 $X^{(1)}(k)=[x^{(1)}(1),x^{(1)}(2),\cdots,x^{(1)}(n)]$ 为 $X^{(0)}(t)$ 的一阶累加生成，其中，$x^{(1)}(k)=\sum_{t=1}^{k}x^{(0)}(t)$，$k=1,2,\cdots,n$。

通过累加生成削弱原始数据的随机干扰，突出系统所蕴含的内在规

律。对生成数据列 $X^{(1)}$ 建立一阶微分方程：

$$\frac{dx^{(1)}}{dt} + ax^{(1)} = u \tag{6.1}$$

定义 $y_n = [x^{(0)}(2), x^{(0)}(3), \cdots, x^{(0)}(n)]^T$。则 $\hat{x}^{(1)}(k+1)$ 可以通过下式求得：

$$\hat{x}^{(1)}(k+1) = [x^{(0)}(1) - \frac{u}{a}]e^{-ak} + \frac{u}{a} \tag{6.2}$$

进而，GM（1，1）模型的时间相应式的累减还原值可以通过下式求得：

$$\hat{x}^{(0)}(k+1) = \hat{x}^{(1)}(k+1) - \hat{x}^{(1)}(k) \tag{6.3}$$

在以上基础上，当 $k \leqslant n$ 时，称 $\hat{x}^{(0)}(k)$ 为模型模拟值；当 $k > n$ 时，称 $\hat{x}^{(0)}(k)$ 为模型预测值。

二、模型应用

（一）2014～2018 年中国产业结构演变

灰色系统理论认为社会经济系统属于本征性灰色系统，其把在一定范围、一定时间内经济变量的变化随机过程看作是灰色过程。本节首先分别利用 1978～2013 年三次产业产值拟合成产值变化曲线见图 6－3 至图 6－5，其次根据预测总产值得到 2014～2018 年三大产业结构的演变结果。

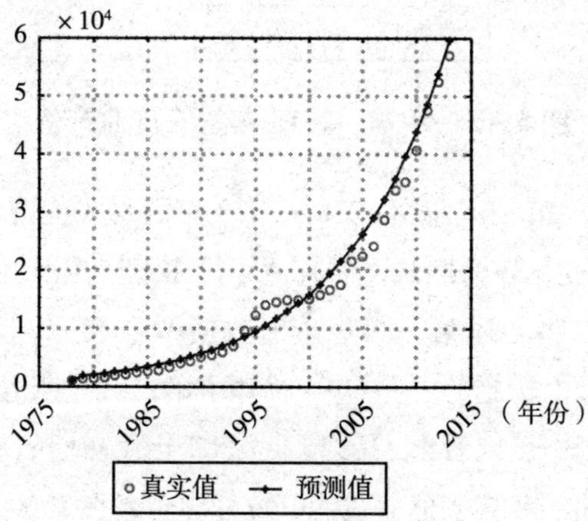

图 6－3　1978～2013 年第一产业产值

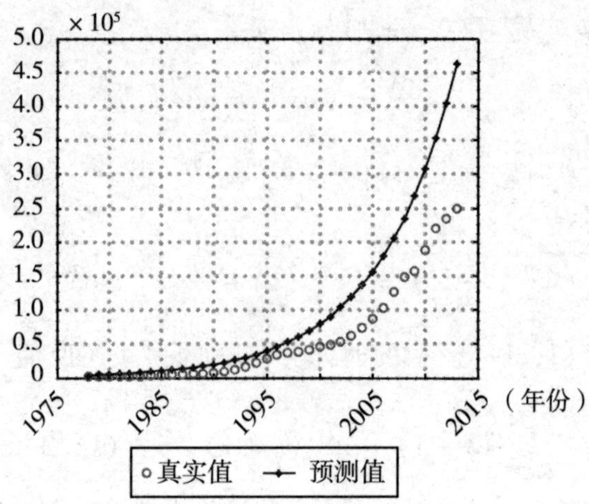

图 6-4　1978~2013 年第二产业产值

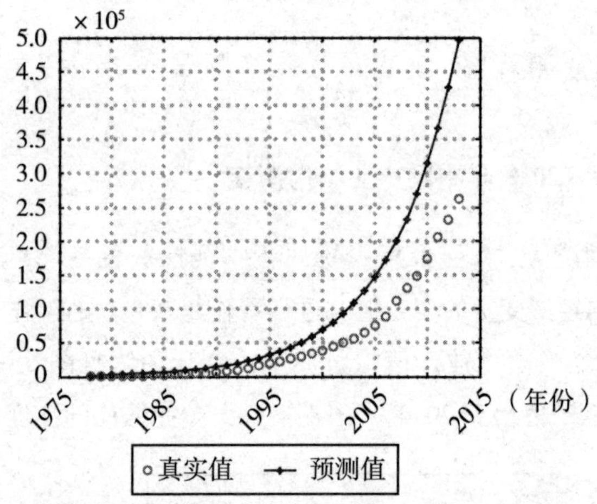

图 6-5　1978~2013 年第三产业产值

图 6-3 描述了第一产业在 1978~2013 年的真实值波动状态，这种波动在 2000 年前后变化较为剧烈，而其他年份相对较为平坦。基于灰色预测模型的方法，可以将上述第一产业产值数据拟合成为一条近似抛物线曲线，该曲线总体呈上扬趋势。图 6-4 描述了第二产业产值拟合曲线及对应的真实值。从数据中可以看出，在 20 世纪 80 年代初期和 90 年代中期这个时间段，预测值曲线和真实值曲线能够较好吻合，在 2000 年以后预测值曲线有偏离真实值曲线的趋势，这主要因为灰色模型建立的是生成数据模型

而不是原始数据模型，因而可以从杂乱的数据表面寻找到规律。而在总体上，拟合曲线呈上扬趋势。图6－5描述了第三产业产值的拟合曲线与真实值曲线的对比情况。与第二产业预测曲线类似，第三产业的拟合曲线在2000年后也呈现出偏离真实值曲线的趋势，而且这种偏离趋势更加显著。综合比较上述三个产业的上扬趋势，可以看出第三产业产值拟合曲线变化在2000年后变化曲率更大，反映了中国第三产业在这一时期内的迅速发展态势。

综合以上分析，根据各产业产值拟合曲线进一步推测出中国2014～2018年产业结构演变值，结果如表6－1所示。需要注意的是，数值采用各产业在总体经济中所占的百分比形式，而非具体产业的产值。

表6－1　　2014～2018年中国产业结构演变值　　单位：%

产业结构	2014年	2015年	2016年	2017年	2018年
第一产业	9.9	9.8	8.4	8.3	7.9
第二产业	42.9	42.8	42.8	42.7	42.7
第三产业	47.2	47.4	48.9	49.0	49.5

表6－1结果显示，就产业结构而言，在2014～2018年第一产业比重持续迅速下降，下降了2个百分点；第二产业比重缓慢下降，下降了0.2个百分点，说明随着经济的发展，工业化趋势将呈减弱趋势，但这种减弱趋势具有一定限度；第三产业比重迅速上升了2.3个百分点，表明第三产业将继续迅速发展，主导地位不会改变。可以看出，在未来一段时期内，产业结构将保持“三二一”的高级化趋势发展格局，这与王庆丰得出的预测趋势一致。

（二）2014～2018年中国就业结构演变

利用1978～2013年三大产业就业人数拟合成三次产业就业的变化曲线，然后根据此拟合曲线预测就业人数变化见图6－6至图6－8，进而得到2014～2018年三大产业就业结构的演变结果。

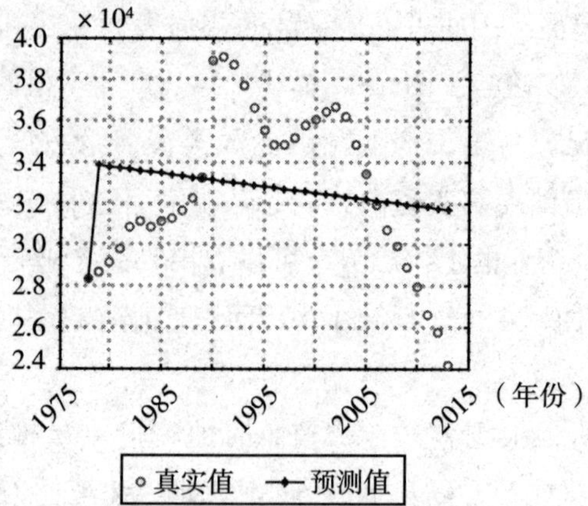

图 6－6 1978～2013 年第一产业就业人数

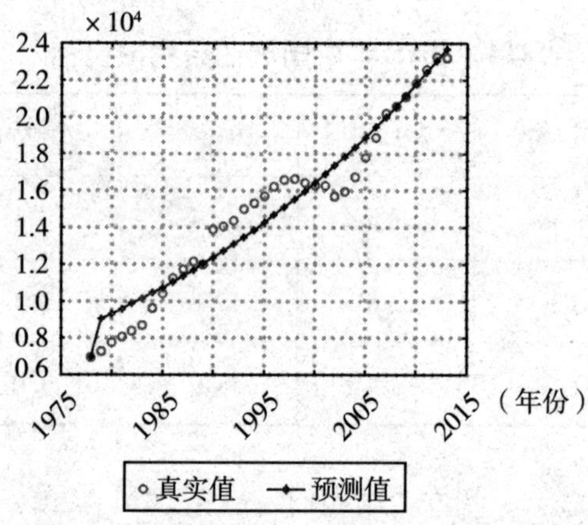

图 6－7 1978～2013 年第二产业就业人数

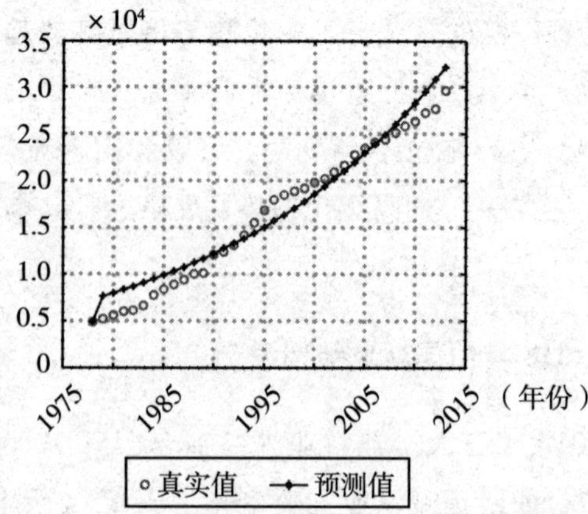

图 6－8 1978～2013 年第三产业就业人数

图6－6描述了1978～2011年第一产业就业人数的真实值曲线及预测值曲线，可以看出，第一产业就业人数真实值曲线在1990年发生了较大幅度波动，而从20世纪90年代以后，总体呈现下降趋势，这与1990年的中国经济政策导致就业人数急剧变化有关。而灰色预测模型拟合出的曲线在1979年发生了波动，而1979年以后预测值曲线总体呈稳定的下降趋势。图6－7描述了第二产业就业人数的真实值与预测值曲线，可以看出，真实值曲线围绕预测值曲线呈对称状态分布，预测值曲线在1979年出现明显跃升后，基本保持持续增长状态，而增长变化速度基本保持稳定，这也反映出中国第二产业在改革开放以来的持续性投入下，一直处于并长期保持持续平稳增长状态。图6－8描述了第三产业就业人数的真实值曲线与预测值曲线，从真实值曲线来看，第三产业就业人数逐年增加，总体上升趋势明显，预测值曲线对真实值曲线的拟合度较前两者准确性高。以上数据结果表明，相对产业结构，就业结构的变化较为剧烈，但通过灰色预测模型方法仍可以寻找出其变化规律，为未来就业结构变化提供依据。

根据以上分析和三大产业就业人数拟合曲线，可以推测出2014～2018年就业结构演变值，结果如表6－2所示。

表6－2　　2014～2018年中国就业结构演变　　单位：%

产业结构	2014年	2015年	2016年	2017年	2018年
第一产业	29.6	27.8	26.3	24.1	23.2
第二产业	29.2	29.1	29.1	29.0	28.7
第三产业	41.2	43.1	44.6	46.9	48.1

就业结构结果显示，2014～2018年第一产业就业比重缓慢下降，5年间下降6.4个百分点；第二产业就业比重稳中略降，5年间仅下降0.5个百分点；第三产业就业比重持续上升，5年间上升6.9个百分点。可见在未来的一段时期内，第三产业仍是吸纳劳动力的主渠道。到2015年底，第二产业就业比重将超过第一产业，三大产业就业结构比例演变为43.1∶29.1∶27.8，呈现“三二一”格局，产业结构与就业结构将呈现一致的高级化格局结构。

第四节　本章结论

在经济发展过程中，产业结构与就业结构相互影响、相互制约，呈现出某种内在互动关系，而经济的健康运行要求产业结构与就业结构相互适应、协调发展。本章通过对 1978 ~ 2013 年中国的具体数据进行分析，并采用数值拟合的方法绘制出中国产业结构与就业结构变动趋势曲线；考虑到灰色理论的可以通过少量的、不完全的信息对未来状态进行预测的特征，因此利用灰色预测模型方法对 2014 ~ 2018 年产业结构和就业结构的演变进行分析，在此基础上得到如下主要结论：

第一，产业结构与就业结构具有趋同效应，即在格局分布上会逐渐趋于一致。经济的有序发展要求国民经济的产业结构和就业结构相互适应，一方面产业结构的调整升级将会影响就业结构的变动，另一方面就业结构调整也是产业结构演进变化的重要内容，合理的就业结构能够有效促进产业结构的优化。以上研究表明，截至 2013 年，中国三大产业结构呈现“三二一”格局，而就业结构为“三一二”格局，虽然两者之间不具有匹配性，但是本章预测到 2015 年底，就业结构与产业结构将均呈现一致化的“三二一”格局，即两者随着时间的推进，将具有趋同效应。

第二，就业结构呈现“三二一”格局的时间滞后于产业结构。滞后是一个时间概念，主要指就业结构在时间维度上落后于产业结构的程度，是产业结构与就业结构关系的另一种体现形式。就业结构滞后时间过长将会造成严重的失业，不利于产业结构的调整和升级，而关于滞后时间的测算目前尚无准确有效的方法。本章利用灰色预测模型的方法对滞后时间进行研究，结果表明：中国产业结构在 2013 年呈现出“三二一”格局，就业结构在 2015 年底才呈现这一格局，就业结构的“三二一”格局相对于产业结构滞后两年实现。这一方法为解决滞后时间测算问题提供了一种思路。

第三，相对于产业结构变化曲线，就业结构的真实值与预测值变化曲线表现得更为剧烈。这主要是由于就业人员受产业结构影响的同时，还受户籍制度和土地制度等情况的制约，劳动力在城乡之间无法进行自由流动。此外经济体制转轨所引发的产业运行格局的不确定性，以及劳动者就业的不稳定性，均可影响就业人员在三次产业结构中的分布。因此，从整体的就业结构与产业结构变动趋势来看，就业结构的变化幅度明显高于产业结构。

第七章

产业结构变动的影响因素

结构主义理论认为结构效应是经济增长的一个重要源泉，而不仅仅局限于新古典增长理论中的资本积累、劳动力增加和技术变化。合理的产业结构有助于经济健康持续发展。在经济发展过程中，产业结构变动的方向、方式和速度是多种因素共同作用的结果。研究产业结构变动的影响因素，确定主要影响因素并进行综合评价，对于当地制定合理的产业结构政策、促进产业结构调整具有一定的指导意义。本章应用因子分析理论建立了一个产业结构影响因素测度与评价的因子分析模型，并利用该模型分析产业结构的主要影响因子，进而对 31 个省（自治区、直辖市）进行了综合评价。

第一节　变量选择说明及数据来源

一、变量选择说明

从国内外研究成果与实际情况来看，经济发展过程中引起产业结构变动的因素较多，但归结起来有以下几个：消费、人口、环境、国际贸易及投资等，本章将其分为内部因素和外部因素两大类。

（一）内部因素

内部因素包括国内需求、国外需求和供给。本章以最终消费支出比重、固定资产投资比重代表国内消费需求；以货物和服务净出口占比代表国外需求。

供给包括技术资源、资金资源、地区发展水平、自然资源和劳动力资源。本章以科技支出占财政支出比重以及（R&D）经费支出占地区 GDP 比代表技术资源；以财政支出比重和第二产业资本投入占总投入比重代表资金投入总量和结构；以地区生产总值指数代表地区经济发展水平；以地区资源禀赋及该地区在国家或区域发展战略中的地位代表自然资源禀赋，其中由于该变量难于量化，因此采用 BBIC 整理结果，其具体步骤为：首先列出近年来重大的国家级区域经济发展战略，根据该战略的相对重要程度规定该区域内的省（自治区、直辖市）可得的最高分；其次对于处在同一区域经济发展战略中的各省（自治区、直辖市），按其在该战略区位中的地位给分，分为中心、外围和边缘三个级别；最后根据各省（自治区、直辖市）的资源禀赋总体情况对上述得分进行微调，微调范围为 ±1。劳动力资源是人口总量和人力资源的重要组成部分，本章以人口自然增长率、大专以上学历人口占比、第二产业就业比重代表劳动力资源的数量与质量。此外，人口抚养比能直接反映出该地区劳动力的存量，因此将这一变量引入分析中。

（二）外部因素

对产业结构变动有影响的外部因素主要有经济体制类型、产业政策、国际贸易和国际投资。关于产业政策变量，本章参考陆泽锦的分析，选取亿元 GDP 所对应的一般财政支出比重作为产业政策指标。在开放经济条件下，产业结构会受到国际分工和国际贸易格局的制约，由于在国外需求中已经选取货物和服务净出口比重变量，此处不再重复选取；在国际投资中，特别是外商直接投资，对产业结构变动的影响往往是一种更为直接的“内冲击波”，本章以外商直接投资总额代表国际投资。关于经济体制类型，本章不考虑这一变量。

根据以上分析，初步选取15个变量，变量选择结果及计算方法见表7－1。

表7－1　　变量选择结果及计算方法

变量	初始变量	计算方法
X_1	资源禀赋及战略地位评分	BBIC整理
X_2	人口抚养比(%)	非劳动年龄人口/劳动年龄人口×100%
X_3	(R&D)经费支出占地区GDP比(%)	研究与试验发展经费/GDP×100%
X_4	消费支出比重(%)	最终消费支出/GDP×100%
X_5	财政支出比重(%)	财政支出/GDP×100%
X_6	固定资产投资比重(%)	固定资产形成总额/GDP×100%
X_7	外商直接投资总额(亿美元)	合同利用外资金额
X_8	第二产业就业比重(%)	第二产业就业人数/总就业人数×100%
X_9	地区生产总值指数	当年GDP/2000年GDP×100
X_{10}	人口自然增长率(%)	出生率－死亡率
X_{11}	城镇登记失业率(%)	登记失业人数/(就业人数+失业人数)×100%
X_{12}	科技支出占财政支出比(%)	科技支出总额/财政支出总额×100%
X_{13}	货物和服务净出口占比(%)	货物和服务净出口总额/GDP×100%
X_{14}	第二产业资本投入占比(%)	第二产业资本投入量/投资总额×100%
X_{15}	大专以上学历人口占比(%)	大专以上人口/总人口数×100%

二、数据来源

本章数据来源于2012年国家统计数据库、《中国统计年鉴2012》及2012年各省(自治区、直辖市)统计年鉴，通过计算整理并根据标准化公式 $Y_{ij}=(X_{ij}-X_j)/S_j$，得到标准化矩阵，其中 Y_{ij} 为第 i 个样本第 j 个指标的标准化值。

第二节　产业结构变动的因子分析测度与评价模型应用

一、模型的建立

设 $X=(X_1,X_2,\cdots,X_p)^T$ 是可观测的影响因素随机向量，$F=(F_1,F_2,\cdots,F_m)^T$ 为不可观测的指标向量。有：

$$\begin{aligned} X_1 &= \alpha_{11}F_1+\alpha_{12}F_2+\cdots+\alpha_{1m}F_m+\varepsilon_1 \\ X_2 &= \alpha_{21}F_1+\alpha_{22}F_2+\cdots+\alpha_{2m}F_m+\varepsilon_2 \\ \vdots & \qquad\qquad \vdots \\ X_p &= \alpha_{p1}F_1+\alpha_{p2}F_2+\cdots+\alpha_{pm}F_m+\varepsilon_p \end{aligned}$$

即：$X=AF+\varepsilon$，其中 $\varepsilon=(\varepsilon_1,\varepsilon_2,\cdots,\varepsilon_p)$ 为特殊因子，Fi 为第 i 个公因子，aij 为因子载荷，aij 的绝对值越大，表明 Xi 与 Fi 的相依程度越大，且满足：（Ⅰ）$m\leqslant p$，（Ⅱ）$\mathrm{cov}(F,\varepsilon)=0$，（Ⅲ）$E(F)=0$；$\mathrm{cov}({}^{1}\vdots{}_{1})_{p\times p}=I_p$。

根据上述模型，利用 Spss 17.0 软件对样本数据进行因子分析，经 KMO 和 Bartlett 球形度检验，变量之间的相关系数矩阵不是一个单位阵。综合来看，KMO 值为 0.776 以及显著水平为 0.000，表明适合对这些变量进行因子分析。结果见表 7－2。

表 7－2　　KMO 样本测度和 Bartlett 球体检验

取样足够度的 Kaiser－Meyer－Olkin 度量		0.776
Bartlett 的球形度检验	近似卡方	317.432
	自由度	105
	显著水平	0.000

二、因子共同度分析及样本相关矩阵特征值计算

选取主成分法估算因子载荷矩阵。设 $X=(X_1,X_2,\cdots,X_p)^T$ 的协方差为

$\sum$，$\sum$ 的特征值为 $\lambda_1 \geqslant \lambda_2 \geqslant \cdots \geqslant \lambda_p$，其对应的标准正交化特征向量 γ_1，$\gamma_2,\cdots,\gamma_p$。设 m<p，则 $\sum = (\sqrt{\lambda_1}e_1',\cdots,\sqrt{\lambda_m}e_m')'P\sum_{i=1}\lambda_i e_i e_i' = (\sqrt{\lambda_1}e_1,\cdots,\sqrt{\lambda_p}e_p)(\sqrt{\lambda_1}e_1',\cdots,\sqrt{\lambda_m}e_m')'$。当公因子 Fi 有 m 个时，特殊因子为 0，所以 Z = AF，A 为因子载荷矩阵。

利用 Spss 17.0 软件计算因子共同度，可以看出变量与因子之间具有较强的相关关系，因子能充分反映样本的信息量，进行因子分析的效果显著。确定因子个数时，选取主成分的特征值大于 1 的那些因子，具体是每次进行因子分析后，保留因子负荷在 0.6 以上的变量，再次进行因子分析，如此反复直至获取相对最优解。结果显示，相关矩阵的前 6 个特征值大于 1 的因子对方差解释的累计百分比为 87.075%。因子解释原有变量总方差的情况见表 7－3 所示。

表 7－3　　样本相关矩阵特征值及其权重

成分	初始特征值			提取平方和载入			旋转平方和载入		
	合计	方差的百分比（%）	累积百分比（%）	合计	方差的百分比（%）	累积百分比（%）	合计	方差的百分比（%）	累积百分比（%）
1	12.315	41.05	41.05	12.315	41.05	41.05	7.629	25.431	25.431
2	5.654	18.846	59.896	5.654	18.846	59.896	4.952	16.506	41.937
3	3.064	10.214	70.11	3.064	10.214	70.11	4.192	13.973	55.91
4	1.953	6.511	76.62	1.953	6.511	76.62	3.792	12.64	68.55
5	1.803	6.009	82.629	1.803	6.009	82.629	3.152	10.506	79.056
6	1.334	4.445	87.075	1.334	4.445	87.075	2.405	8.018	87.075
7	0.971	3.237	90.311						
8	0.778	2.595	92.906						
9	0.61	2.033	94.939						
10	0.401	1.338	96.277						
11	0.364	1.213	97.489						
12	0.271	0.903	98.392						
13	0.228	0.76	99.151						
14	0.153	0.509	99.661						
15	0.102	0.339	100						

表7－3中按照特征根从大到小的顺序排列，大于1的特征根有6个，依次为12.315、5.654、3.064、1.953、1.803、1.334；相应的解释总变差的百分比依次为41.050%、18.846%、10.214%、6.511%、6.009%、4.445%，考虑到特征根小于1的因子解释力度不如直接引入变量大，因此本章取前6个特征根较大的因子。

三、因子正交旋转及旋转后载荷矩阵的结果分析

本章采用方差最大化正交旋转法。首先考虑P＝2的情形。设因子载荷矩阵为：

$$A=\begin{pmatrix} a_{11} & a_{12} \\ a_{21} & a_{22} \\ \vdots & \vdots \\ a_{p1} & a_{p2} \end{pmatrix} \quad 令\ \Gamma=\begin{pmatrix} \cos\phi & -\sin\phi \\ \sin\phi & \cos\phi \end{pmatrix}则\ \Gamma\ 为正交阵。$$

$$记\ B=A\Gamma=\begin{pmatrix} a_{11}\cos\phi+a_{12}\sin\phi & -a_{11}\sin\phi+a_{12}\cos\phi \\ a_{21}\cos\phi+a_{22}\sin\phi & -a_{21}\sin\phi+a_{22}\cos\phi \\ \vdots & \vdots \\ a_{p1}\cos\phi+a_{p2}\sin\phi & -a_{p1}\sin\phi+a_{p2}\cos\phi \end{pmatrix}=\begin{pmatrix} b_{11} & b_{12} \\ b_{21} & b_{22} \\ \vdots & \vdots \\ b_{p1} & b_{p2} \end{pmatrix}$$

经过如上变换，使载荷矩阵的每一列元素的绝对值向1和0两极分化。也就是要求（$b_{11}^2, b_{21}^2, \cdots, b_{p1}^2$），（$b_{12}^2, b_{22}^2, \cdots, b_{p2}^2$）这两组数据的方差$V_1$和$V_2$要尽可能地大。为此，正交旋转的角度$\varphi$要满足使$V_1+V_2=G=\max$。当公共因子数$m>2$时，逐次对每两个进行上述旋转，当总方差的改变不大时，就可以停止旋转，这样就得到了新的一组公共因子及相应的因子载荷矩阵，使其各列元素平方的相对方差之和最大。

因子正交旋转在10次迭代后收敛，从而得到方差极大化后的因子载荷矩阵，同时旋转后其总体因子的方差累计贡献率是不变的，根据旋转后的因子载荷矩阵可以得到明确经济意义的主公共因子，将在某几个变量上具有较高正载荷的因子命名，如表7－4所示。

表 7－4　　旋转后的因子提取结果

变量	因子					
	1	2	3	4	5	6
X_1：资源禀赋及战略地位评分	0.199	0.169	-0.004	0.009	-0.124	0.923
X_2：人口抚养比	-0.777	-0.268	-0.24	0.393	0.008	0.004
X_3：(R&D) 经费支出占地区 GDP 比	0.861	0.227	-0.232	0.055	-0.049	0.206
X_4：消费支出比重	0.051	0.046	0.162	0.923	-0.139	0.048
X_5：财政支出比重	-0.251	-0.16	0.221	0.648	-0.228	-0.02
X_6：固定资产投资比重	-0.535	-0.697	0.247	0.05	0.037	-0.167
X_7：外商直接投资总额	0.148	0.879	-0.099	-0.082	0.051	0.24
X_8：第二产业就业比重	0.034	0.303	-0.485	-0.374	0.619	0.024
X_9：地区生产总值指数	-0.381	-0.68	0.821	-0.095	0.427	0.231
X_{10}：人口自然增长率	-0.567	0.038	0.117	0.429	-0.47	-0.188
X_{11}：城镇登记失业率	-0.251	-0.219	0.21	-0.092	0.805	-0.306
X_{12}：科技支出占财政支出比	0.768	0.5	-0.257	0.061	-0.047	0.118
X_{13}：货物和服务净出口占比	0.264	0.403	-0.569	-0.476	0.039	0.136
X_{14}：第二产业资本投入占比	-0.037	-0.092	0.195	0.068	0.122	0.016
X_{15}：大专以上学历人口占比	0.929	0.115	-0.064	0.012	-0.17	0.065

注：表中因子，1 为人力资本与科技投入；2 为国际贸易与投资；3 为区域经济增长；4 为消费需求；5 为就业状况；6 为资源禀赋及战略地位。

据表 7－4 可知，通过因子分析，将 15 个变量降为 6 维。公共因子 F_1 在 X_3、X_{12}、X_{15} 变量上具有较高的正载荷，这些变量可表示为影响产业结构变动的人力资本与科技投入因子；公共因子 F_2 在 X_7 上载荷较高，可表示为国际贸易与投资因子；公共因子 F_3 可由变量 X_9 解释，表示为经济增长因子；公共因子 F_4 由变量 X_4、X_5 解释，为消费需求因子，公共因子 F_5 由变量 X_8 和 X_{11} 解释，为就业状况因子；公共因子 F_6 由 X_{11} 解释，为自然资源及战略地位因子。

四、因子得分及排名

建立以公因子为因变量、原变量为自变量的回归方程：

$$F_j = \beta_{j1}X_1 + \beta_{j2}X_2 + \cdots + \beta_{jp}X_p, j = 1,2,\cdots,m, \beta_j = A^T R^{-1}$$

在最小二乘意义下的回归法进行估计，可以得到 F 的估计值 $F = A^T R^{-1} X$，式中，A 为因子载荷矩阵，A^T 为旋转后的因子载荷矩阵的转置，R 为原始变量的相关矩阵，R^{-1} 为 R 的逆矩阵，X 为原始变量向量。于是各省（自治区、直辖市）产业结构影响因素得分 W_i（$i=1$，2，…，p），由各因子得分加权汇总得到，得分表达式为：

$$W_i = (a_1F_1 + a_2F_2 + \cdots + a_mF_m) / \sum_{i=1}^{m} a_i$$

根据因子得分系数矩阵与原始指标的标准化值可以计算每个主因子的得分，得分系数矩阵见表 7－5。

表 7－5　因子得分系数矩阵

变量	因子					
	1	2	3	4	5	6
X_1：资源禀赋及战略地位评分	－0.047	－0.016	0.033	－0.011	－0.006	0.427
X_2：人口抚养比	－0.114	－0.024	－0.183	0.175	0.054	0.066
X_3：(R&D)经费支出占地区 GDP 比	0.153	－0.081	－0.066	0.102	0.046	0.026
X_4：消费支出比重	0.052	0.016	－0.077	0.371	0.155	0.018
X_5：财政支出比重	－0.011	0.041	0.128	0.087	－0.005	0.018
X_6：固定资产投资比重	－0.006	－0.149	－0.007	－0.036	－0.04	－0.007
X_7：外商直接投资总额	－0.113	0.297	0.093	－0.006	0.07	0.065
X_8：第二产业就业比重	－0.035	0.085	－0.09	0.049	0.223	0.008
X_9：地区生产总值指数	0.006	－0.178	－0.03	0.018	0.127	0.189
X_{10}：人口自然增长率	－0.115	0.093	－0.013	0.035	－0.143	－0.069
X_{11}：城镇登记失业率	0.019	0.041	0.05	0.097	0.313	－0.092
X_{12}：科技支出占财政支出比	0.098	0.039	－0.041	0.102	0.057	－0.024
X_{13}：货物和服务净出口占比	－0.032	0.041	－0.084	－0.106	－0.047	0.021
X_{14}：第二产业资本投入占比	0.008	0.093	0.309	－0.084	0.054	0.032
X_{15}：大专以上学历人口占比	0.187	－0.112	－0.012	0.032	－0.031	－0.045

注：同表 7－4。

进一步结合旋转后的方差贡献率，按照各因子权重，建立综合线性评价函数：

$$W_i = \sum_{i=1}^{m} \frac{a_i F_i}{0.87075} = \frac{0.25431F_1 + 0.16506F_2 + 0.13973F_3 + 0.12640F_4 + 0.10506F_5 + 0.08018F_6}{0.87075}$$

最终，计算出各省（自治区、直辖市）公共因子的综合得分与排名以及每个因子的排序情况，如表7-6所示。

表7-6　综合得分及各因子排序结果

综合排名	地区	综合得分	各个因子排名					
			因子1	因子2	因子3	因子4	因子5	因子6
1	上海	1.16	2	3	11	4	8	11
2	北京	0.77	1	19	24	6	30	9
3	广东	0.39	27	1	14	17	23	4
4	黑龙江	0.35	5	11	4	20	7	25
5	福建	0.35	30	9	1	2	28	12
6	天津	0.29	3	30	10	23	2	10
7	江苏	0.27	10	2	12	26	11	13
8	陕西	0.23	8	26	3	27	13	3
9	云南	0.21	20	16	8	3	3	14
10	浙江	0.14	7	4	27	1	16	23
11	四川	0.09	17	27	22	11	1	2
12	青海	0.04	16	20	6	9	17	28
13	贵州	0.02	31	22	23	15	6	5
14	新疆	0	22	7	5	12	29	19
15	内蒙古	-0.01	11	24	2	31	22	6
16	湖北	-0.06	9	18	20	19	5	15
16	河南	-0.06	13	6	16	25	9	20
18	辽宁	-0.08	4	29	15	28	14	18
19	宁夏	-0.12	18	13	9	7	15	29
20	山东	-0.1	21	5	21	24	20	8

续表

综合排名	地区	综合得分	各个因子排名					
			因子1	因子2	因子3	因子4	因子5	因子6
21	重庆	-0.17	23	31	29	14	4	1
22	山西	-0.2	12	15	13	22	21	16
23	湖南	-0.23	19	10	25	13	10	7
24	甘肃	-0.25	15	25	26	5	25	22
25	吉林	-0.27	6	28	7	30	18	27
26	安徽	-0.28	14	21	30	10	12	26
26	江西	-0.28	24	12	18	18	19	24
28	广西	-0.31	28	14	19	8	24	17
29	河北	-0.54	25	8	17	29	26	31
30	西藏	-0.53	26	17	28	22	27	21
31	海南	-0.82	29	23	31	21	31	7

根据表7-6，产业结构变动影响因素综合排名前五名的是上海、北京、广东、黑龙江和福建。上海的综合得分为1.16，其优势源于重视对人力资本与科技投入，广泛开展国际贸易与投资，以及扩大消费需求。北京的综合得分为0.77，其中对人力资本与科技投入居全国首位，但其就业状况因子排名比较靠后，这可能因为随着阻碍非农化水平提升的因素被打破，大量农业剩余劳动力向城市转移，特别是向北京等特大城市转移，使北京就业压力日趋严重。据权威部门统计，作为就业主体的高校毕业生，2013年北京地区高校毕业生签约率为33.6%，而10年前北京地区高校毕业生就业率为89.68%。广东综合排名第三，凭借其资源禀赋与战略地位优势，积极开展国际贸易与投资，但由于其外来务工人员众多，人力资本存量不足，导致其人力资本与科技投入因子和就业状况因子排名靠后。黑龙江的综合得分为0.35，其对人力资本与科技投入位居前列，由于其地处东北老工业基地和东北亚经济贸易开发区，使其经济发展格局逐步优化，实现了较高的经济增长。福建与黑龙江排名并列，在国家继续鼓励东部地区率先发展和支持海西建设力度不断加大的机遇下，福建地区经济增长因

子排名全国第一，居民消费支出比重逐年上升，但其需要加大对人力资本与科技投入力度。

排名后五名的是江西、广西、河北、西藏和海南。这些地区单个因子排名均不靠前。其中，江西除了国际贸易与投资因子外，其余因子排名均靠后。广西除消费需求因子排名较前，其余各公共因子排名中，没有居于前列的，排名均比较靠后。河北的国际贸易与投资因子排名靠前，但其资源禀赋与战略地位因子排名最后。西藏的各因子排名均靠后。海南的地区经济增长因子和就业状况因子均位于最后，人力资本与科技投入因子排名也较后，但其资源禀赋与战略地位因子排名较靠前。

就单个因子排名情况来看，人力资本与科技投入因子，北京居首位，贵州投入严重不足，今后应加大科技经费投入，增强区域创新能力和实力。对于国际贸易与投资因子，广东省排名第一，重庆市最后，应促进其对外贸易及外商投资，以帮助企业扩大出口，有效解决引进外资过程中的问题。对于地区经济增长因子，福建排名第一，海南最后，由于海南主要靠投资和消费需求拉动经济增长，其中房地产投资占固定资产投资42.8%，受房地产宏观调控的影响，海南房地产业增速下降，影响全省经济增长缓慢。对于消费需求因子，浙江居首位，内蒙古排名最后，因此，内蒙古应适时调整现行消费政策，提高居民消费水平，使扩大消费成为拉动经济增长的长久推动力。对于就业状况因子，四川居首位，海南最后。一方面，海南劳动力供给持续增加，由于重点项目的推进，出现了大量需要解决就业的失业农民；另一方面，海南劳动者素质与新兴产业、技术性职业要求差距较大，技能人才严重不足。对于资源禀赋及战略地位因子，重庆排名最前，河北排名最后。

第三节　本章结论与政策建议

产业结构变动的影响因素众多，而且这些因素之间可能存在不同程度的相关性，增加了衡量各因素的难度，本章建立的因子分析测度与评价模型为考察这些影响因素提供了有效的途径。同时，建立在31个省（自治区、直辖市）基础上的比较分析，能够在同一标准下确定各因素在不同省（自治区、直辖市）的影响程度。一方面可以横向比较不同省（自治区、直辖市）产业结构各影响因素的大小，另一方面也可以找到各省（自治区、直辖市）在某一影响因素中的优势和劣势，为调整产业结构提供依据。本章以定量分析为基础，通过对原始15个变量进行处理，最终确定了6个主因子，这6个主因子包括：人力资本与科技投入因子、国际贸易与投资因子、地区经济增长因子、消费需求因子、就业状况因子以及资源禀赋与战略地位因子。该模型的建立降低了选取变量的维度，使确定影响因素过程简化。

结合以上分析及结果，本章提出以下几点政策建议。

第一，贵州、福建和海南应重视人力资本和科技投入。人力资本和科技投入是影响产业结构转变的重要变量。针对以上几个省份人力资本与科技投入因子排名落后的状况，一方面，应加大教育和培训投资，提高就业人群的人力资本存量，引导技能人才和高素质人才向第二、第三产业流动，为产业结构调整提供人力资本。另一方面，根据当地的产业结构及地区发展水平制订合理的科研投入计划，以企业为主体、以市场为导向、以应用研发为重点，推进产学研大联合，尽快使科研成果转化为现实生产力，带动该地产业结构变动升级。

第二，重庆、天津和辽宁应积极开展国际贸易与投资，加快产业结构升级和贸易比较优势转化的速度。一方面，加大金融支持力度，积极引导银行业金融机构加大对外贸企业的信贷投入力度，尤其对有市场、有出口订单的外贸企业减低贷款门槛，提高审批效率，及时提供信贷支持。另一方面，为弥补国内投资的不足，鼓励和引导外商对产业带动效应较强的行业进行投资，重要的是在于新技术和国际商业管理实践经验的引入，支持发展对资本技术密集型投资的外资企业，适度支持劳动密集型外资企业，以减少其对产业结构升级的负面影响。对外商投资企业简化工商登记手续，提高行政审批效率，积极主动为外商投资企业提供服务。

第三，内蒙古、吉林、河北应重视刺激当地消费需求。在当前全球经济处于下滑阶段，中国出口增长受到限制，依靠内需促进产业结构变动是关键因素。要扩大当地居民消费需求，增加居民收入是最直接和最有效的办法。合理增加居民收入是保证居民消费需求不断增加的基础，要逐步提高最低生活保障标准，扩大中等收入群体在总人口中所占的比重，依法调节过高收入。在提高收入的同时，逐步完善社会保障、医疗、住房等公共服务体系，减少收入分配差距，保障民生。

第四，海南、北京和新疆应加强改善就业条件，以第三产业发展促进就业。第三产业对劳动力有较强的吸纳能力且其发展受景气循环的影响较小，很多服务业的需求在经济衰退时仍保持相对稳定。重视对第三产业中的中小企业实行全方位支持，中小企业经营灵活，劳动资本比率高，能极大地化解就业压力。此外，相对于传统服务业，未来发展的重点应放在与科技进步相关的新兴行业，如软件业、生物技术业；发展就业容量大的行业如仓储业。

第八章

产业结构与就业结构失衡的影响因素

本章利用结构偏离度指标测度了改革开放以来我国三次产业结构与就业结构之间的偏离程度、偏最小二乘通径分析方法实证检验了三次产业结构偏离度的影响因素。研究发现：工业化水平、技术水平、对外开放水平是造成我国产业结构与就业结构失衡的主要因素，而市场化水平和城镇化水平的提高对产业结构与就业结构的协调发展具有积极作用。

第一节　产业结构与就业结构偏离程度

一、相关概念界定

产业结构有两个方面的含义：“质”的方面动态揭示了产业间技术经济发展的趋势，“量”的方面静态显现了产业间投入与产出的比例关系（蒋昭侠，2005）。本书所涉及的研究是“量”方面的产业结构。相应的，产业结构变动指的就是三次产业在国民经济中构成比例的变化。产业结构升级广义上指的是产业结构从低级形态（第一产业）向高级形态（第二、第三产业）转变的过程，狭义上是指某一产业内部从低生产率向高生产率，从低附加值向高附加值的发展过程（国务院发展研究中心，2010）。而产业转型指的是一个国家和地区根据国内外经济形势，通过市场、行政等手段对现存产业结构进行的直接或间接的调整，也指某一产业（行业）内，资本、劳动等要素的再配置。产业结构变动与产业结构升级的区别在于：前者指的是各产业在国民经济中构成比例的变化，是“量”上的变动，而后者侧重于产业间及产业内部“质”上的提高。产业结构变动与产业转型的区别在于：前者是产业间构成比例的客观反映，而后者更强调政府对各产业或要素的主动调整。

就业结构是指劳动力在国民经济各部门、各产业（行业）、各地区分配的比例关系（胡学勤，2004）。按照不同的标准，就业结构可以划分为不同的方面，例如，就业的城乡结构、就业的知识结构、就业的区域结构等。本书研究的就业结构是按照三次产业来划分的，指劳动力在三次产业中的数量比例关系。

二、结构偏离度指标与国际标准模式

通过对我国三次产业及就业数据的分析，我国产业结构与就业结构之间存在着明显的结构性偏差。而常用的衡量结构性偏差的工具之一就是结构偏离度。目前用结构偏离度指标衡量产业结构与就业结构多采用两种计算方法：一是该产业的比较劳动生产率与1的差；二是该产业增加值的比重与就业比重之差。本章采用第一种计算方法，公式为：

$$\text{某产业结构偏离度}=\frac{\text{某产业 GDP 相对比重}}{\text{某产业就业相对比重}}-1$$

如果某一产业结构偏离度越接近零，说明该产业的产业结构与就业结构越接近均衡状态，当结构偏离度为零时，产业结构与就业结构达到均衡。结构偏离度小于零，该产业的GDP比重小于就业比重，说明该产业用了较多的劳动力但产出相对较低，存在剩余劳动力的可能，使得该产业的比较劳动生产率较低。结构偏离度大于零，该产业的GDP比重大于就业比重，说明该产业用了较少的劳动力生产出了相对较多的产品，劳动生产率较高，还可以容纳多余的劳动力，使产业结构与就业结构达到均衡状态。长远来看，在劳动力可以自由流动，产业无壁垒的前提下，通过市场对资源的配置，各产业的结构偏离度将逐渐接近于零。西方国家也经历了结构偏离度从高到低的过程。

库兹涅茨（Kuznets，1975）、西蒙斯（Sims，1972）等利用多国模型实证分析了GDP和就业的结构变化，得出了各国GDP和就业结构变动一般趋势的三种代表性模式（见表8－1）。

表8－1　　三次产业GDP构成及就业结构变动的国际标准模式

标准模式	人均GDP（美元）	产值结构（%）			就业结构（%）		
		第一产业	第二产业	第三产业	第一产业	第二产业	第三产业
模式1	70	45.8	21.0	33.2	80.3	9.2	10.5
	150	36.1	28.4	35.5	63.7	17.0	19.3
	300	26.5	36.9	36.6	46.0	26.9	27.1
	500	19.4	42.5	38.1	31.4	36.2	32.4
	1000	10.9	48.4	40.7	17.7	45.3	37.0
模式2	100	46.3	13.5	40.1	68.1	9.6	22.3
	200	36.0	19.6	44.4	58.7	16.6	24.7
	300	30.4	23.1	46.5	49.9	20.5	29.6
	400	26.7	25.5	47.8	43.6	23.4	33.0
	600	21.8	29.0	49.2	34.8	27.6	37.6
	1000	18.6	31.4	50.0	28.6	30.7	40.7
	2000	16.3	33.2	49.5	23.7	33.2	43.1
	3000	9.8	38.9	48.7	8.3	40.1	51.6
模式3	<300	48.0	21.0	31.0	81.0	7.0	12.0
	300	39.4	28.2	32.4	74.9	9.2	15.9
	500	31.7	33.4	34.6	65.1	13.2	21.7
	1000	22.8	39.2	37.8	51.7	19.2	29.1
	2000	15.4	43.4	41.2	38.1	25.6	36.3
	4000	9.7	45.6	44.7	24.2	32.6	43.2

资料来源：郭克莎：《中国产业结构变动及趋势》，载于《管理世界》1999年第5期。

从表 8－2 国际标准模式可以看出，随着人均 GDP 的逐步提高，三次产业的结构偏离度出现向零靠拢的趋势。其中，模式 1 和模式 2 的第一产业结构偏离度均从较高的负值向零趋近。第二、第三产业的结构偏离度从较高的正值向零趋近。意味着随着收入水平的提高，各个产业的比较劳动生产率将趋向一致。在此过程中，第一产业占比呈下降趋势，第二、第三产业占比则逐步提高，与此同时，第一产业剩余的劳动力逐渐转移至第二、第三产业。

表 8－2　　三次产业结构偏离度演进的国际标准模式

标准模式	人均 GDP（美元）	产值结构（%）		
		第一产业	第二产业	第三产业
模式 1	70	－0.43	1.28	2.16
	150	－0.43	0.67	0.84
	300	－0.42	0.37	0.35
	500	－0.38	0.17	0.18
	1000	－0.38	0.07	0.10
模式 2	100	－0.32	0.41	0.80
	200	－0.39	0.18	0.80
	300	－0.39	0.13	0.57
	400	－0.39	0.09	0.45
	600	－0.37	0.05	0.31
	1000	－0.35	0.02	0.23
	2000	－0.31	0.00	0.15
	3000	0.18	－0.03	－0.06
模式 3	<300	－0.41	2.00	1.58
	300	－0.47	2.07	1.04
	500	－0.51	1.53	0.59
	1000	－0.56	1.04	0.30
	2000	－0.60	0.70	0.13
	4000	－0.60	0.40	0.03

三、我国三次产业结构偏离度测量

表8－3为根据中国统计年鉴计算出的1978～2011年我国三次产业的结构偏离度。

表8－3　　1978～2011年中国三次产业的结构偏离度

年份	结构偏离度			年份	结构偏离度		
	第一产业	第二产业	第三产业		第一产业	第二产业	第三产业
1978	－0.60	1.77	0.96	1995	－0.62	1.05	0.33
1979	－0.55	1.68	0.72	1996	－0.61	1.02	0.26
1980	－0.56	1.65	0.65	1997	－0.63	1.01	0.29
1981	－0.53	1.52	0.62	1998	－0.65	0.97	0.36
1982	－0.51	1.43	0.62	1999	－0.67	0.99	0.40
1983	－0.51	1.37	0.58	2000	－0.70	1.04	0.42
1984	－0.50	1.17	0.54	2001	－0.71	1.02	0.46
1985	－0.54	1.06	0.71	2002	－0.73	1.09	0.45
1986	－0.55	1.00	0.69	2003	－0.74	1.13	0.41
1987	－0.55	0.96	0.67	2004	－0.71	1.05	0.32
1988	－0.57	0.95	0.67	2005	－0.73	0.99	0.29
1989	－0.58	0.98	0.75	2006	－0.74	0.90	0.27
1990	－0.55	0.93	0.71	2007	－0.74	0.77	0.29
1991	－0.59	0.95	0.78	2008	－0.73	0.74	0.26
1992	－0.63	1.00	0.76	2009	－0.73	0.66	0.27
1993	－0.65	1.08	0.59	2010	－0.72	0.63	0.25
1994	－0.63	1.05	0.46	2011	－0.71	0.58	0.21

资料来源：根据2012年中国统计年鉴整理。

由表8－3可知，1978年三次产业的结构偏离度分别为－0.60、1.77和0.96；2011年三次产业的结构偏离度分别为－0.71、0.58和0.21。

经过三十余年的发展，我国第二、第三产业的结构偏离度逐渐趋近于零，偏离现象改观非常明显，但第一产业的偏离现象却扩大了。可以得出我国三次产业结构和就业结构的演变特点：（1）第一产业劳动力仍有剩余。1978 年第一产业结构偏离度为 -0.60，三十余年后的 2011 年其值竟然达到 -0.71，说明第一产业劳动力仍有向外转移的潜力。（2）第二产业仍有吸纳劳动力的能力。第二产业的结构偏离度始终为较大的正值，说明同其他产业相比，第二产业的劳动生产率较高，有吸纳部分劳动力的潜力。（3）第三产业对劳动力的吸纳能力逐步缩小。从表 8-3 可以看出第三产业结构偏离度的绝对值最小，2011 年缩小至 0.21，说明第三产业的就业结构逐步接近均衡状态，同时也意味着其吸纳劳动力的能力将会越来越小。

第二节　产业结构偏离度的影响因素分析

一、偏最小二乘通径分析模型概述

偏最小二乘通径模型是沃尔德（Wold）建立的，它通过一系列一元或多元线性回归进行迭代求解，是一种较为实用、有效的线性统计建模方法。优点一是不需要对变量进行概率分布假设，二是对样本点容量的要求较为宽松。

该模型由测量模型（外部模型）和结构模型（内部模型）组成。假设有 J 组显变量，每组含有 p_i 个变量，则每组显变量可以表示为：

$$X_j = (x_{j1}, x_{j2}, \cdots, x_{jp_i}), (j = 1, 2, \cdots, J) \tag{8.1}$$

一般假定显变量 $x_{jh}(j=1,2,\cdots,J, h=1,2,\cdots,p_j)$ 都基于 n 个共同的观测点，并且每个变量都是中心化的。每组显变量 X_j 都对应一个隐变量 $\xi_j(j=1,2,\cdots,J)$ 并且假设 ξ_j 是标准化的，即均值为 0，方差为 1。这样每组显变量 X_j 与对应的隐变量 ξ_j 之间就构成测量模型，而不同组的隐变量 ξ_j 之间则构成结构模型（如图 8-1 所示）。

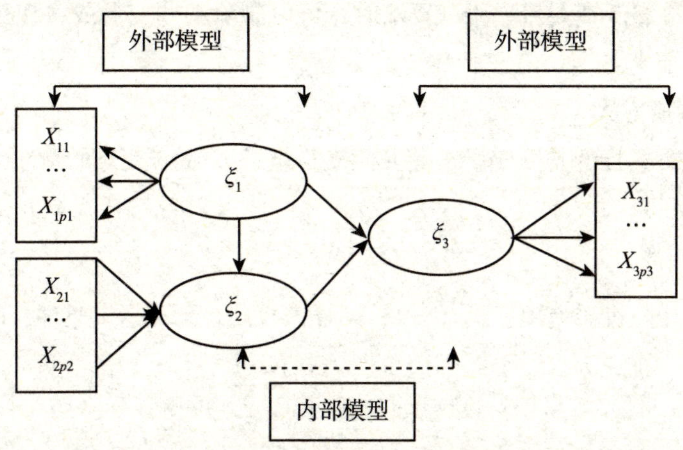

图 8－1　PLS 通径模型结构

（一）测量模型（外部模型）

在测量模型中，一组显变量 X_j 和对应的隐变量 ξ_j 之间的关联关系可以用两种形式来表示，即反映方式和构成方式。

1. 反映方式

在反映方式中，每一显变量都与唯一的隐变量相关联，则第 j 组显变量 x_{jh} 与其隐变量 ξ_j 的关系可以通过一个一元线性回归方程来表示，即

$$x_{jh} = \lambda_{jh}\xi_j + \varepsilon_{jh} \tag{8.2}$$

其中，ε_{jh} 是随机误差项。且上式需满足假设条件：

$$E(x_{jh} | \xi_j) = \lambda_{jh}\xi_j \tag{8.3}$$

该假设条件说明残差 ε_{jh} 均值为 0，并且与隐变量 ξ_j 不相关，该假定又称为预测指定条件。

在反映方式中，一组显变量只能反映事物某一方面的特征，即这组显变量所反映的隐变量是唯一的。满足上述假定的一组显变量被认为是唯一维度的。对于显变量的唯一维度检验，通常有三种检验方法：显变量的主成分分析；科隆巴奇系数 α；迪依高德期丹系数 ρ。其中显变量组的主成分分析方法应用较为广泛。如果一组显变量相关系数矩阵第 1 个特征值大于 1，而其他特征值均小于 1，那么可以认为这组显变量符合唯一维度检验标

准。当显变量不满足唯一维度要求时，可以删除某些变量或将变量组做拆分以满足要求。

2. 构成方式

构成方式指的是隐变量 ξ_j 是其显变量组 X_j 中所有变量的线性组合，即

$$\xi_j = \sum_{h=1}^{p_j} \overline{\omega_h} x_{jh} + \delta_j \tag{8.4}$$

其中，ξ_j 为随机误差项。式（8.4）同样需要满足预测指定条件，即

$$E(\xi_j | x_{j1}, x_{j2}, \cdots, x_{jp_j}) = \sum_{h=1}^{p_j} \overline{\omega_h} x_{jh} \tag{8.5}$$

说明残差 δ_j 均值为 0，并且与显变量 x_{jh} 不相关。

（二）结构模型（内部模型）

结构模型描述了不同隐变量 ξ_j 之间的因果关系，通常是由一组线性方程组来表示，即

$$\xi_j = \sum_{i \neq j} \beta_{ji} \xi_i + \xi_j \tag{8.6}$$

其中，ξ_j 为随机误差项。同时根据预测指定性条件，假设残差 ξ_j 均值为 0，并且与 ξ_i 不相关。式（8.6）说明隐变量之间存在相互制约相互影响的关系，因此可以看成一个因果模型，且必须是因果链，即在因果模型中不存在回环。因此，结构模型可以用一个维数等于隐变量个数的 0/1 方阵来表示，行和列均代表隐变量。如果隐变量 j 解释了隐变量 i，则矩阵中的元素（i，j）取值为 1，否则为 0，此矩阵也称为内部设计矩阵。

二、指标体系构建

根据偏最小二乘通径分析建模要求，首先要确立各隐变量以及反映隐变量的显变量，然后通过建立偏最小二乘通径模型来分析各显变量与隐变量之间，以及隐变量之间的因果关系。之前，讨论了影响中国产业结构与就业结构失衡的主要影响因素，现根据讨论结果并综合相关研究文献确立各隐变量与显变量，如表 8－4 所示。

表 8-4　　学者对产业结构和就业结构失衡的相关研究

隐变量	显变量
产业结构与就业结构偏离度（*Y*1）	第一产业结构偏离度（*Y*11）
	第二产业结构偏离度（*Y*12）
	第三产业结构偏离度（*Y*13）
工业化水平（*X*1）	霍夫曼系数（*X*11）
	第二产业增加值 GDP（*X*12）
市场化水平（*X*2）	非国有经济投资比重（*X*21）
	非国有工业产值比重（22）
	非国有经济单位从业人员占城镇从业人员比重（*X*23）
对外开放水平（*X*3）	外贸出口额占 GDP 比重（*X*31）
	外资占全社会固定资产投资比重（*X*32）
投资与消费水平（*X*4）	投资率（*X*41）
	消费率（*X*42）
	工资总额占 GDP 的比重（*X*43）
劳动力素质（*X*5）	教育经费占 GDP 比重（*X*51）
	成人技术培训学校年毕业学生数占总就业人员的比重（*X*52）
	平均每万人在校大学生数（*X*53）
技术进步水平（*X*6）	R&D 经费支出占 GDP 比重（*X*61）
	技术市场成交额占 GDP 比重（*X*62）
	科技活动人员占总人口比重（*X*63）
城镇化水平（*X*7）	城镇居民占总人口比重（*X*7）

各显变量指标选取说明：

（1）产业结构与就业结构偏离度（*Y*1）。本章选取结构偏离度反映产业结构与就业结构的协调性，*Y*11、*Y*12、*Y*13 分别代表三次产业的结构偏离度。

（2）工业化发展水平（*X*1）。选取霍夫曼系数（*X*11）、第二产业增加值占 GDP 比重（X12）指标来反映我国的工业化发展水平。

（3）市场化水平（X2）。本书选取非国有经济投资比重（X21）、非国有工业产值比重（X22）、非国有经济单位从业人员占城镇从业人员比重（X23）三个指标反映经济市场化进程，同时也间接反映了劳动力市场化水平。

（4）对外开放程度（X3）。选取外贸出口额占 GDP 比重（X31）来反映中国的经济外向化程度，选用外资占全社会固定资产投资比重（X32）来反映中国 FDI 水平。

（5）投资与消费水平（X4）。选用投资率（X41）、消费率（X42）、工资总额占 GDP 的比重（X43）三项指标进行衡量。

（6）劳动力素质水平（X5）。选取教育经费占 GDP 的比重（X51）、成人技术培训学校年毕业学生数占总就业人员的比重（X52）、平均每万人口在校大学生数（X53）三项指标来衡量劳动力素质水平。

（7）技术进步水平（X6）。选用 R&D 经费支出占 GDP 比重（X61）、技术市场成交额占 GDP 比重（X62）、科技活动人员占总人口比重（X63）三项指标作为衡量中国技术进步水平的显变量。

（8）城镇化水平（X7）。根据城镇化水平的定义，以城镇居民占总人口比重（X71）作为相应的显变量。

三、偏最小二乘通径分析模型结果与讨论

根据数据的可获得性，选取的 1990～2011 年数据，均来源于《中国统计年鉴》。为了避免数据量纲不同影响分析结果，指标全部采用相对数据。图 8－2 显示了产业结构与就业结构失衡影响因素偏最小二乘通径分析模型。

经过调整后的新模型中所有隐变量与 Y1 的路径系数均较为显著，投消水平、工业化、开放度、技术、劳动素质、城市化与市场化的路径系数分别为 0.094、0.300、0.311、－0.275、0.527、－1.046 和－0.129，t 检验统计量满足 10% 的显著水平下检验要求，且整体模型 F 检验量为 248.35，通过整体显著性检验。模型的可决系数 Ra^2 为 0.987，拟合精度较高。因

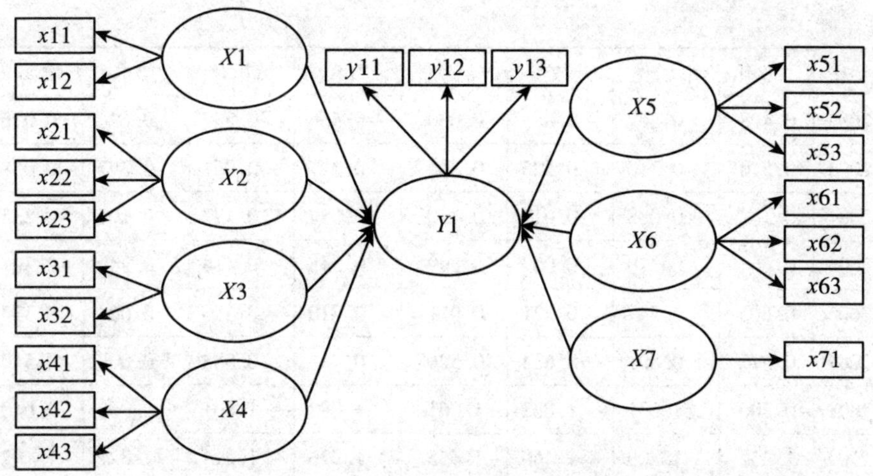

图 8－2　产业结构与就业结构失衡影响因素偏最小二乘通径分析模型

此，调整后的通径分析模型对于原始数据具有很强的解释能力，其估计效果较为令人满意。各影响因素与中国产业结构与就业结构偏离度之间的回归方程，如式（8.7）所示：

$$Y1 = 0.30X1 - 0.129X2 + 0.31X3 + 0.094X4 + 0.53X5 - 1.05X7 - 0.27X6 \tag{8.7}$$

由于各个隐变量（见表 8－5）与其相应的显变量之间均存在较强的相关性，可分别建立隐变量对显变量的偏最小二乘回归模型，将各隐变量作为因变量，其显变量作为自变量，进行偏最小二乘回归。

表 8－5　　1995～2011 年各隐变量值

年份	工业化	市场化	开放度	投消水平	劳力素质	城市化	技术	偏离
1995	2.482	－1.974	－0.424	1.711	－1.435	－1.355	－1.035	2.062
1996	1.011	－1.676	－0.459	1.538	－0.863	－1.269	－0.967	1.630
1997	0.130	－1.342	－0.923	0.772	－0.987	－1.181	－0.795	1.082
1998	0.309	－0.462	－0.644	0.544	－0.899	－1.096	－1.119	0.711
1999	－0.402	－0.186	－0.951	0.391	－0.892	－1.008	－0.962	0.565
2000	0.147	－0.240	－1.321	0.438	－0.819	－0.771	－0.802	0.383
2001	0.185	0.127	－0.990	0.168	－0.785	－0.535	－0.821	0.184

续表

年份	工业化	市场化	开放度	投消水平	劳力素质	城市化	技术	偏离
2002	0.498	-0.567	-0.883	0.030	-0.565	-0.297	-0.626	0.016
2003	0.510	-0.310	-0.528	0.305	-0.327	-0.061	-0.397	-0.058
2004	0.182	-0.088	-0.012	0.450	-0.087	0.177	0.101	-0.233
2005	0.364	0.210	-0.009	0.299	0.313	0.414	0.249	-0.301
2006	0.506	0.547	0.221	0.011	0.710	0.650	0.604	-0.377
2007	-0.377	0.831	0.684	-0.526	0.916	0.888	0.609	-0.510
2008	-0.700	1.031	1.082	-1.061	1.082	1.091	0.969	-0.648
2009	-1.352	1.209	1.460	-1.455	1.326	1.294	1.321	-1.192
2010	-1.721	1.377	1.791	-1.753	1.509	1.444	1.621	-1.536
2011	-1.771	1.513	1.905	-1.861	1.804	1.615	2.049	-1.779

从实证分析结果可以看出，对产业结构与就业结构偏离度具有正向影响的因素有：投资消费水平、工业化水平、对外开放水平和劳动力素质，它们的影响系数分别为0.094、0.30、0.31、0.53，是影响我国产业结构与就业结构失衡的主要因素。它们对结构偏离度影响程度从大到小依次为劳动力素质、对外开放水平、工业化水平和投资消费水平。原因在于，我国一直以来就奉行工业优先发展战略，使大量资源涌向工业尤其是重工业部门，然而重工业对劳动力的吸纳能力相对较弱，使以重工业为引擎的经济发展吸纳不了足够的剩余劳动力，造成产业结构与就业结构的失衡。对外开放水平造成了产业结构与就业结构的失衡也是鉴于长期奉行的工业化发展战略，使绝大多数外资投向制造业，缺乏对外资的有效引导，同样不利于农村剩余劳动力向外转移以及就业结构的优化。

城镇化水平对产业结构与就业结构偏离度的改善作用较大，市场化水平对二者的改善作用较小。究其原因，城镇化有利于带动基础建设、消费等各相关产业的发展，能够提供大量就业机会，促进农村剩余劳动力的转移，并有利于建立城乡统一的劳动力市场。市场化水平的提高，意味着在劳动力资源配置过程中市场机制所起的作用将进一步增强，进一步使资源得到合理流动与有效配置。技术进步对就业结构的影响包括正向的“补偿效应”和负向的“替代效应”。就当前国的现实情况来看，技术进步对就业的影响更多表现为“补偿效应”，对产业结构与就业结构之间的协调具有积极意义。

第三节　本章结论与政策建议

为减少产业结构与就业结构的偏离，促进二者的协调发展，需要在四个方面做出努力。

一是加快城镇化建设步伐，提高城镇化水平。根据偏最小二乘路径分析模型的分析得出：城镇化水平的提高有利于促进产业结构与就业结构的协调发展。当前，中国城镇化率刚超过50%，若按照户籍人口计算城镇化率仅35%左右，较发达国家近80%的水平仍有较大差距。按照现代化的发展规律，每年将有相当数量剩余劳动力转移到城市，在给城镇化提供层次人力资源的同时也带来投资和消费的快速增加。当然，城镇化不是城市人口及面积的增加，关键在于能否实现产业结构、就业方式和社会保障等一系列由“乡”到“城”的转变。因此，推进城镇化要注重质量、科学规划，促进不同规模的城镇合理分工和集约发展，并为农民工及其家属提供基本公共服务。展望未来，城镇化是中国经济可以持续保持较快增长的重要引擎。

二是提高市场机制的主导作用，完善市场经济体系。劳动力的市场化水平影响劳动力资源的有效配置，进而关系到产业结构与就业结构的协调发展。在完善的劳动力市场上，劳动力资源完全依靠市场机制进行调配，劳动者和企业均根据各自的效用最大化进行双向选择，工资成为决定供需双方的价格信号。所以，应进一步完善市场机制在劳动力市场上的重要作用，使劳动者和企业成为劳动力市场上的真正主体，使工资成为决定供需双方的价格信号，消除阻碍劳动力自由流动的一切障碍，消除市场分割，提高劳动力市场化水平，实现劳动力的自由流动。

三是合理引进外资，引导外资的流向，投资的领域要符合长期的产业规划。对外开放的一项重要内容就是吸引外商投资。外商投资可以通过直接或者间接方式提供就业岗位，提高资金投入国家的就业水平和就业质量。然而，近年来，大部分外商投资积聚于资本和技术密集型产业，要求劳动者具有较高的技能，并对劳动力产生了“替代效应”，使产业结构和就业结构的失衡得以扩大。因此，在积极应对国际产业转移的过程中，应该科学引导外资的投向，鼓励向第一、第三产业投资，向中西部地区投资，提高中国农业的科技化水平，实现第三产业的腾飞与中西部地区的快速发展，促进产业结构与就业结构的均衡发展。

四是解决技术进步与促进就业的矛盾。由于技术进步对就业具有双重作用，即减少就业的“替代效应”和增加就业的“补偿效应”。目前中国处于工业化推进阶段，与“收入效应”相比，“替代效应”较为明显，导致产业结构与就业结构的失衡。中国应该在努力提高技术，促进产业结构升级的同时，减少技术进步对就业的“替代作用”，扩大其“补偿效应”。随着技术进步，产品的销售规模将进一步扩大，企业也将扩大生产规模，进而需要更多的劳动力。除此之外，技术进步还可以通过其创新功能，创造出新的产品和服务，也就创造出新的就业机会。

第九章

产业结构与就业结构失衡的人力资本因素

本章基于调研数据从微观视角研究就业结构滞后于产业转型的成因，分别讨论企业员工的受教育水平、人力资本资源配置能力及共同愿景对企业转型的影响。从中发现：微观个体因素在产业结构与就业结构协调发展中具有重要作用，并指出企业在进行转型升级时应关注员工的教育水平与相关培训。

第一节　产业转型与劳动者受教育水平

一、样本数据说明

（一）数据来源

本章使用教育部人文社会科学重点研究基地重大项目“经济增长中的产业结构与就业结构研究”课题的部分调研数据。该调研自 2012 年 6 月开始至 2012 年 9 月结束，历时 3 个月，主要目的是调查政府、企业及企业职工在产业转型中的努力和表现，研究影响产业转型的主要因素。本次调研范围很广，遍布东北地区、西部地区、华北地区、珠三角地区及长三角地区，涉及批发零售业、制造业、金融保险业、房地产业、交通运输、农林牧渔业、建筑业、住宿餐饮业、IT 业、采矿业等到十余种行业。调研对象分别是政府、企业及企业职工，共发放政府问卷 127 份、企业问卷 241 份及企业职工问卷 4495 份，由于本次调研问卷采用一对一发放，对有问题的受访者能做到及时解答，因此问卷有效率很高，分别达到 100%、100% 和 96.7%。本章用企业职工调研数据来分析产业转型对人力资本教育投资的要求。

（二）样本数据描述

1. 样本分布

调研收回的 4346 份企业职工问卷中，有 667 份的受访者所在的企业有产业转型的计划或行动（以下简称“经历过产业转型的个人”），本章在研究产业转型对人力资本教育投资的要求时，使用该 667 份调研问卷的数据进行实证分析，具体分布情况见表 9－1、表 9－2。

表 9－1　　企业产业转型情况统计

项目	频数	百分比（%）
企业有产业转型的计划或行动	667	15.54
企业没有产业转型的计划或行动	1661	38.71
不清楚	1963	45.75
有效样本总数	4291	100.00
缺失值	55	
样本总数	4346	

表 9－2　　经历过产业转型的个人区域分布

区域	频数	百分比（%）
东三省	191	28.63
西部地区	72	10.79
华北地区	178	26.69
珠三角	45	6.75
长三角	181	27.14
样本总数	667	100.00

2. 产业转型中就业机会与人力资本教育投资相关关系

从表9-3中可以看出，当性别、从事当前工作年限、年龄及区域四个变量作为控制变量时，在学历与就业机会在5%显著性水平下是相关的，相关系数为0.12。表9-3反映了企业职工自身的人力资本教育投资越高，在产业转型中就业机会就越大。

表9-3　人力资本教育投资与就业机会相关关系

控制变量			学历	就业机会
性别 & 从事当前工作的年限 & 年龄 & 区域	学历	相关系数	1.000	0.119
		P值	0.000	0.027
	就业机会	相关系数	0.119	1.000
		P值	0.027	0.000

二、产业转型对劳动者学历水平的要求

（一）模型构建

采用二维 Logistic 模型来分析产业转型对人力资本教育投资的要求。实证分析分两部分进行：

首先，将学历变量纳入回归方程中，从整体上分析在产业转型中学历对就业的重要影响，模型构建见式（9.1）。

$$\ln(Em)_i = c + \beta_1 edu_i + \beta_2 sex_i + \beta_3 age_i + \beta_4 per_i + \beta_5 fie_i + \beta_6 edu_i \times per_i + \beta_7 edu_i \times fie_i + \varepsilon_i \tag{9.1}$$

其次，将学历分解为高中及以下、专科、本科、硕士及以上，纳入模型中，进一步比较在产业转型中不同教育投资对就业的影响，模型构建见式（9.2）。

$$\begin{aligned}\ln(Em)_i = {} & c+b_1 edh_i+b_2 edp_i+b_3 edg_i+b_4 eds_i+b_5 sex_i+b_6 age_i+b_7 per_i \\ & + b_8 edh_i\times per_i+b_9 edh_i\times fie_i+b_{10} edp_i\times per_i+b_{11} edp_i\times fie_i \\ & + b_{12} edg_i\times per_i+b_{13} edg_i\times fie_i+b_{14} eds_i\times per_i+b_{15} eds_i\times fie_i+\varepsilon_i\end{aligned} \tag{9.2}$$

模型（9.2）中，*Em* 表示就业机会，0 表示就业难度加大，1 表示更容易就业；*sex* 表示性别，0 表示女性，1 表示男性；*age* 表示职工的年龄；*per* 表示从事现有工作的年限；*fie* 表示工作所在地。

式（9.1）中，*edu* 表示学历，高中及以下学历赋值为 1，专科学历赋值为 2，本科学历赋值为 3，硕士及以上学历赋值为 4；交叉变量 $edu \times per$、$edu \times fie$ 分别代表学历和现有工作年限、学历和工作所在地对就业机会的综合影响。

式（9.2）中，*edh* 代表高中及以下学历；*edp* 代表专科学历；*edg* 代表本科学历；*eds* 代表硕士及以上学历；$edh \times per$、$edp \times per$、$edg \times per$ 及 $eds \times per$ 分别代表不同学历与从事当前工作年限对就业机会的交叉影响变量；$edh \times fie$、$edp \times fie$、$edg \times fie$、$eds \times fie$ 分别代表不同学历与工作所在地对就业机会的综合影响。

（二）实证结果分析

实证分析使用的工具是 SPSS17.0，采用 Wald 统计量对模型进行检验和筛选，Wald 检验的原假设是 $\beta_j = 0$，Wald 统计量的数学表达式为：

$$\text{Wald}_j = \frac{\hat{\beta}_j^2}{S_{\hat{\beta}_j}}$$

Wald 统计量近似服从自由度为 1 的 χ^2 分布。通过 Wald 后退法（Backward Wald）逐步剔除式（9.1）和式（9.2）中回归系数不显著的变量，最终得出的结果如表 9－4、表 9－5 所示。

表 9－4　人力资本教育投资对就业机会的影响

项目	系数（*B*）	标准差	*Exp*（*B*）
学历（*edu*）	0.203**	0.098	1.225
从事现有工作年限（*per*）	0.156*	0.092	1.169
常数项（c）	−1.335***	0.514	0.263

注：*** 表示在 1% 的水平上显著，** 表示在 5% 的水平上显著，* 表示在 10% 的水平上显著。

表9-4的检验结果表明：在式（9.1）中只有学历（*edu*）和从事现有工作年限（*per*）两个变量对就业机会的影响是显著的，在产业转型中，人力资本教育投资的增加和工作经验的积累都会增加就业机会。从整体上看，在产业转型中学历每增加一个层次，就业机会就增加1.23倍。

表9-5　　高等教育投资对就业机会的影响

项目	系数（*B*）	标准差	*Exp*（*B*）
本科（*edg*）	0.612***	0.239	1.844
硕士及以上（*eds*）	0.883***	0.339	2.418
从事现有工作年限（*per*）	0.171*	0.092	1.186
常数项（c）	-1.097***	0.375	0.334

注：***表示在1%的水平上显著，**表示在5%的水平上显著，*表示在10%的水平上显著。

表9-5的检验结果表明：在式（9.2）中只有本科学历（*edg*）、硕士及以上学历（*eds*）及从事现有工作年限（*per*）三个变量对就业机会的影响是显著的。产业转型中，高等教育对就业机会的积极作用凸显，具有本科学历劳动力的就业机会是没有学历背景的1.84倍，具有硕士及以上学历劳动力的就业机会是没有学历背景的2.42倍。而具有专科学历劳动者并没有在就业机会上表现出优势。

三、进一步分析与讨论

本章的实证研究结果表明劳动者的教育水平是产业转型时期就业机会的积极影响因素，高等教育学历在产业转型中作用凸显。具有高等教育学历（本科及以上学历）劳动者的就业机会要显著高于没有高等教育学历的劳动者，而具有硕士及以上学历的劳动者就业机会要明显高于本科学历的劳动者，这意味产业转型对人力资本高等教育投资具有强烈要求。然而，当前我国普通高校教育生均投资水平呈下降趋势，尽管近几年来国家财政对教育的投资总量逐年增加，教育投资在三级教育的分配比例稳定，但由于普通高等学校近几年来大规模扩招，实际上高等教育投资的福利水平是减少的。

另外值得一提的是，虽然近年来国家财政对职业教育投资力度不断加大，生均教育投资水平上升，然而本章的实证分析结果表明具有该学历劳动者并未表现出就业优势，这意味着产业转型对人力资本（中等、高等）职业教育投资没有明显要求。导致这一结论的可能原因有两个：一是职业教育对产业转型贡献确实不大；二是由于职业教育资源不足或错误配置，导致具有专科学历劳动者无法积极地适应产业转型。但是经济社会生产所需要的高素质劳动力和技能型人才主要是通过职业教育为社会培养并输送的，这些人在工业化进程中扮演着重要角色，从这个角度看，第一个原因是不正确的。因此笔者认为，职业教育资源错配，是具有职业教育学历劳动者没有在产业转型中表现出就业优势的主要原因。

总体上，当前中国面临产业转型对人力资本高等教育投资的要求与人力资本教育投资现状不匹配、人力资本教育结构和布局不合理的问题。当务之急是巩固“优先发展教育”在中国经济社会发展规划中的核心地位，加大高等教育的投资力度，增加高等教育投资水平，提升高等教育质量；优化职业教育的资源配置，将职业教育纳入经济社会发展和产业规划，使职业教育规模、专业设置与经济发展相协调。完善人力资本教育投资结构和布局，以适应经济发展方式转变和产业转型对人力资本的要求。

第二节　产业转型与劳动者人力资本资源配置能力

一、人力资本资源配置投入、产业结构与经济增长

宏观经济水平持续有效地增长，要求人力资本结构与产业结构实现有效匹配。适应产业结构调整和结构升级的要求，是人力资本投资将供给转化为有效需求的根本途径。人力资本、产业结构与经济增长之间的相互关系遵循着图 9－1 所示的传递链条。

图 9－1　人力资本与产业结构和经济增长的传递链

生产要素，如人力资本和物质资本，需要投入到特定的部门和行业才能发挥其生产职能，体现其经济价值。而经济增长率等于各产业增加值占GDP比重为权数的各产业增加值增长率的加权之和，经济增长质量等于各产业增加值占GDP比重为权数的各产业增加值增长质量的加权之和，产业发展水平和质量直接影响经济发展与增长。因此，人力资本供给结构通过影响产业升级和转型的进程，进而影响宏观经济的发展与增长。

同时，在中国经济发展过程中，技术、消费结构、进出口结构和政策制度等因素处于不断发展变化之中，要求产业结构必须不断做出适应性调整。中国三次产业正处于加速转型期。由于产业结构对生产要素具有资源配置功能，所以产业结构的变动也会对劳动力市场上人力资本水平的要求不断发生变化。因此，宏观经济的可持续发展要求产业进行不断的升级和转型，进而派生出对人力资本结构的需求。

人力资本投资结构与产业结构调整之间需要相互适应，才能促进经济的持续增长。本书力图从理论上证明，当人力资本投资的供给结构与产业结构对人力资本的需求结构有效匹配时，人力资本投资对宏观经济增长的促进作用。

（一）考虑人力资本投资结构的人力资本增量函数

贝克尔（Becker，1962）首次分析了人力资本的投资结构问题，将人力资本投资划分为教育、培训、医疗保健和迁移等形式。丹尼逊（Dension，1968）研究了劳动者受教育程度、年龄、性别等不同特点与经济增长之间的关系。中国学者以郭继强（2005）和杨建芳等（2006）为代表沿丹尼逊的思路，分析人力资本投资结构对经济增长的影响。郭继强（2005）将人力资本投资抽象概括为资源转换投入和资源配置投入两部分，并定义人力资本增量是关于二者的函数。按郭继强（2005）的定义，资源转换投入使劳动者获得资源转换能力，反映为劳动者的生产能力；而资源配置投入使劳动者获得资源配置能力，即劳动者对经济环境或制度结构的变化做出的反应、发现潜在获利机会、运用资源实现利益最大化决策能力。

郭继强（2005）以 I_A、I_T 分别表示用于配置投入和转换投入的人力资本投资，M 代表人力资本投资组合所带来的人力资本增加值，经济体中人力资本投资结构与人力资本增量之间的函数关系及预算约束分别见式（9.3）和式（9.4）。

$$M = \mu I_A^{\lambda} I_T^{1-\lambda} \tag{9.3}$$

$$I_A + I_T = s_H Y \tag{9.4}$$

其中，μ 是人力资本投资转换成人力资本时的转换系数，s_H 表示总产出中用于人力资本投资的比率，二者都是外生给定的。其中 $0<\lambda<1$，λ 和 $1-\lambda$ 分别代表配置投入和转换投入的人力资本增量弹性。给定人力资本投资的预算约束，通过构建拉格朗日进行最优化求解可得，当资源配置投入和资源转换投入的比例为 λ：$(1-\lambda)$ 时，人力资本增量达到最大值，$M^* = \mu\lambda^{\lambda}(1-\lambda)^{1-\lambda}s_H Y$。

（二）基于 MRW 模型的内生经济增长模型

曼昆等（Mankinw et al.，1992）通过将人力资本引入索洛模型中，并利用跨国数据验证了曼昆－罗默－威尔（Mankiw－Romer－Weil）模型（简称 MRW 模型）可以很好地解释经济增长的国别差异。郭继强通过将构建的人力资本积累方程与 MRW 模型的生产函数相结合，实现了对 MRW 模型的拓展。但在这种拓展中人力资本但在这种拓展中人力资本结构问题仅被引入生产函数，仍然没有考虑到人力资本投资对技术进步的影响，技术进步依旧被设定为外生的（余长林，2006）。而杨建芳等（2006）利用中国的经验数据对引入人力资本结构的 MRW 模型进行检验，他们发现外生的 MRW 模型不适用于解释人力资本积累对中国经济增长的影响。

本章在 MRW 模型的基础上，构建了一个引入人力资本投资结构的内生经济增长模型，技术进步是由模型内生决定的。假设经济体中存在两个部门，产品生产部门和研发部门，人力资本一部分投入生产，另一部分投入研发。假设人力资本投入生产的比例为 $1-\alpha_H$，投入研发的比例为 α_H，参数是外生给定的，生产函数见式（9.5），其中，$0<\alpha<1$，$0<\beta<1$，$0<\alpha+\beta<1$ 劳动力的增长率为 n，是外生给定的，即 $g_L = \frac{\dot{L}}{L} = n$。

$$Y = K^{\alpha}[(1-\alpha_H)H]^{\beta}(AL)^{1-\alpha-\beta} \tag{9.5}$$

经济中物质资本投资率为 s_K，折旧率为 δ_K，资本增量函数见式（9.6）。

$$\dot{K} = s_K Y - \delta_K K \tag{9.6}$$

人力资本投资中资源配置投入的比例为 ϕ①，人力资本折旧率为 δ_H，经济体的人力资本积累方程见式（9.7）。

$$\dot{H} = \mu(\phi s_H Y)^{\lambda}[(1-\phi)s_H Y]^{1-\lambda} - \delta_H H \tag{9.7}$$

技术增量是关于人力资本的研发投入和技术水平的函数，见式（9.8），其中 B、γ 和 θ 是外生给定的参数，且满足 $0<\gamma<1$，$0<\theta<1$，$0<\gamma+\theta<1$。

$$\dot{A} = B(\alpha_H H)^{\gamma} A^{\theta} \tag{9.8}$$

（三）平衡增长路径上人力资本资源配置投入的影响

在平衡增长路径上单位有效劳动物质资本水平、单位有效劳动人力资本水平和单位有效劳动产出水平，分别见式（9.9）、式（9.10）、式（9.11）。

$$k^* = \frac{K}{AL} = \left[\left(\frac{s_K(1-\alpha_H)^{\beta}}{\delta_K + g_A^* + n}\right)^{1-\beta}\left(\frac{\mu\phi^{\lambda}(1-\phi)^{1-\lambda}s_H}{g_A^* + n + \delta_H}\right)^{\beta}\right]^{\frac{1}{1-\alpha-\beta}} \tag{9.9}$$

$$h^* = \frac{H}{AL} = \left[\left(\frac{s_K(1-\alpha_H)^{\beta}}{\delta_K + g_A^* + n}\right)^{\alpha}\left(\frac{\mu\phi^{\lambda}(1-\phi)^{1-\lambda}s_H}{g_A^* + n + \delta_H}\right)^{1-\alpha}\right]^{\frac{1}{1-\alpha-\beta}} \tag{9.10}$$

$$y^* = \frac{Y}{AL} = (1-\alpha_H)^{\beta}\left[\left(\frac{s_K(1-\alpha_H)^{\beta}}{\delta_K + g_A^* + n}\right)^{\alpha}\left(\frac{\mu\phi^{\lambda}(1-\phi)^{1-\lambda}s_H}{g_A^* + n + \delta_H}\right)^{\beta}\right]^{\frac{1}{1-\alpha-\beta}} \tag{9.11}$$

由式（9.11）直观反映出，在平衡增长路径上，单位有效劳动的产出水平 y^* 是关于 S_H 的增函数，随着 S_H 的增大，y^* 不断增加。

单位有效劳动的产出水平 y^* 对 ϕ 的单调性不容易直观看出，进一步求 y^* 对 ϕ 的弹性，见式（9.12）所示：

$$\frac{\dot{y}^*/y^*}{\dot{\phi}/\phi} = \frac{\beta}{1-\alpha-\beta}\left[\frac{\lambda-\phi}{1-\phi}\right] \tag{9.12}$$

① $\phi = \frac{I_A}{I_A + I_T}$。

由式（9.12），当 $\phi<\lambda$ 时，y^* 对 ϕ 的弹性值大于0，ϕ 值增加能够增加单位有效劳动的产出水平；当 $\phi>\lambda$ 时，y^* 对 ϕ 的弹性值小于0，ϕ 值减小能够增加单位有效劳动的产出水平；当 $\phi=\lambda$ 时，y^* 对 ϕ 的弹性值等于0，这时单位有效劳动的产出水平达到最大。

通过上述理论分析发现：第一，人力资本投资总量会影响经济增长。在其他条件不变的情况下，总产出中用于人力资本投资的比率越高，所得到的单位有效劳动的产出水平越大；第二，人力资本投资结构制约经济增长。人力资本资源配置投资比例会对经济增长水平产生影响，最大化的人力资本增量水平和单位有效劳动的产出水平，均要求人力资本资源配置投资比例等于人力资本的投入产出弹性。因此笔者认为，在内生化的经济增长模型中，一国的人力资本增量水平向最大化路径收敛的过程中，推动了宏观经济的增长与发展。

二、产业转型背景下劳动者人力资本资源配置能力分析

本部分仍使用教育部人文社会科学重点研究基地重大项目“经济增长中的产业结构与就业结构研究”课题的部分调研数据来分析就业结构滞后于产业转型的微观个体行为特征。

（一）企业职工对产业转型的认知水平

1. 企业职工对产业转型的整体认知情况

总体上，在职企业职工对产业转型的认知普遍不足，在4323份有效样本中，只有10.1319%的职工熟悉企业产业转型，而58.0384%的职工仅仅听说过产业转型，但不很清楚，甚至有31.8298%的职工根本不知道企业产业转型的概念（见表9－6）。

表9－6　　企业职工对产业转型的认知情况统计

对产业转型的认知水平	频数	比重（%）
很熟悉	438	10.1319
听说过，但不清楚	2509	58.0384
不知道	1376	31.8298
合计	4323	100.0000

2. 不同学历的职工群体对产业转型的认知分析

使用独立样本 T 检验的方法，分析具有不同学历的企业职工对产业转型的认知情况，表 9－7 统计了样本的分析结果。

从表 9－7 可以看出，具有不同学历的企业职工对产业转型的认知程度不同。在 10% 的显著性水平上，具有博士学历的职工对产业转型的认知要优于硕士，在 1% 的显著性水平上硕士优于本科，本科优于高中和专科，但值得注意的是不仅本科对产业转型的认识优于专科，高中对产业转型的认识也优于专科。

表 9－7　　不同学历的企业职工对产业转型的认知水平比较

分析群体	样本容量	均值[①]	T 值	显著性水平
（博士，硕士）	（32，407）	（1.7813，2.0541）	－2.0019	0.0532
（硕士，本科）	（407，1777）	（2.0541，2.1469）	－2.8556	0.0043
（本科，专科）	（1777，719）	（2.1469，2.3408）	－7.4413	0.0000
（本科，高中）	（1777，1163）	（2.1469，2.2786）	－5.7681	0.0000
（专科，高中）	（719，1163）	（2.3408，2.2786）	2.1515	0.0316

注：采用双尾检验。

问卷对“是否了解产业转型?”设置了三个选项：很熟悉；听说过，但不清楚；不知道。Spss 17.0 对这三个备选答案分别赋值 1、2、3。故均值越小，说明越了解产业转型。

3. 产业转型认知水平的区域比较

研究样本对产业转型的认知存在区域差异，由表 9－8 可以看出在 5% 的显著性水平上，东北地区的企业职工对产业转型的认识与西部地区大致相同，而分布在经济活跃的华北地区、珠三角地区、长三角地区的企业职工对产业转型的认识要优于西部地区；华北地区对产业转型的了解要显著的优于珠三角和长三角地区。另外，分布在珠三角地区的职工对产业转型的认识要好于长三角地区。

表 9 - 8　　不同区域对产业转型的了解程度比较

比较区域	观测值	均值	T 值	显著性水平
（东北，西部）	（1717，644）	（2.2743，2.3168）	-1.5079	0.1319
（华北，西部）	（574，644）	（1.9965，2.3168）	-8.9694	0.0000
（珠三角，西部）	（290，644）	（2.0966，2.3168）	-5.1281	0.0000
（长三角，西部）	（1096，644）	（2.2181，2.3168）	-3.2748	0.0011
（华北，珠三角）	（574，290）	（1.9965，2.0966）	-2.2398	0.0254
（华北，长三角）	（574，1096）	（1.9965，2.2181）	-6.9788	0.0000
（珠三角，长三角）	（290，1096）	（2.0966，2.2181）	-3.0598	0.0023

注：采用双尾检验。

对产业转型的认识水平，按区域分类，由高到低依次为华北地区、珠三角地区、长三角地区、东北和西部地区。从整体上看，经济发展水平不同的区域，对产业转型的认知也不同。大体上表现为经济发展水平高的地区对产业转型的认识要优于经济发展水平较差的地区。

（二）企业职工对当地的就业调整政策的掌握情况

1. 企业职工对当地就业政策的整体掌握情况

从整体上看，在职职工对就业调整信息掌握得不好。由表 9 - 9 可以看出，在 4270 份有效样本中，仅有 18.6417% 的职工了解当地就业调整政策，37.5644% 的职工对就业调整政策一知半解，而有 43.7939% 的职工完全不了解当地的就业调整政策。

表 9 - 9　　企业职工对就业信息掌握情况统计

对就业调整政策的掌握情况	频数	比重（%）
了解	796	18.6417
不太了解	1604	37.5644
不了解	1870	43.7939
合计	4270	100.0000

2. 不同学历的职工群体对就业信息的了解情况分析

同样采用独立样本 T 检验的方法，比较了解就业政策调整的群体与不了解和不太了解就业政策调整的群体的人力资本积累的特征，其检验结果如表9－10所示。在了解就业政策调整的样本中职工的学历要显著高于不了解和不太了解就业政策调整的群体的学历，显著性水平为1%。

表9－10　　不同群体的学历比较

样本类型	均值	T值	显著性水平
了解就业政策的群体	3.3295	－6.7583	0.0000
不太了解和不了解就业政策的群体	3.6073		

注：Spss 17.0对博士学历、硕士学历、本科学历、专科学历、高中学历分别赋值1、2、3、4、5。故均值越小，说明学历越高。

表9－11在整体样本区间上，进一步统计了具有不同学历的职工群体，对就业调整政策的掌握情况。由表9－11，不同学历的职工对就业政策调整的掌握程度由好到差依次为：博士、硕士、本科、高中、专科。特别地，具有专科学历的职工对就业调整政策的信息了解的不如具有高中学历的职工多，这在一定程度上反映出具有专科学历的群体对就业信息不敏感。

表9－11　　按学历划分的职工群体对就业调整政策的掌握情况统计　　单位：%

对就业调整政策的掌握	博士	硕士	本科	专科	高中
了解	40.0000	26.1728	22.3362	11.9382	15.7255
不太了解	30.0000	28.3951	34.0741	46.0674	39.5308
不了解	30.0000	45.4321	43.5897	41.9944	44.7437
合计	100.0000	100.0000	100.0000	100.0000	100.0000

（三）产业转型期企业职工对自身知识技能水平的要求

1. 产业转型期，企业职工普遍表现为有提升自身知识技能水平的意愿

如表9－12所示，4238份有效样本中，63.2374%的职工认为需要提高自身的知识技能水平，以适应企业产业转型的要求；而12.907%的职工认为产业转型的过程中不需要提高自身的知识技能水平；有23.856%的企业职工表示不清楚是否该提升自身的知识技能水平，反映出这部分职工对产业转型给劳动者带来的影响并不十分清楚。

表9-12　　转型期企业职工对提升自身知识技能水平的意愿统计

是否需要提升知识技能	频数	比重（%）
是	2680	63.2374
否	547	12.9070
不清楚	1011	23.8556
合计	4238	100.0000

2. 具有不同学历水平的企业职工对产业转型期是否提高自身知识技能水平的认知并未表现出差异

通过独立样本T检验的方法得出这一结论，如表9-13所示，需要提高自身知识技能水平和不需要提高自身知识技能的群体，其学历的均值在5%的显著性水平上并未表现出差异，这说明人力资本积累因素并未影响职工对该问题的认识。

表9-13　　具有不同意愿的职工的学历比较

样本类型	均值	T值	显著性水平
需要提高知识技能的群体	3.5597	-0.2317	0.8168
不需要提高知识技能群体	3.5706		

注：采用双尾检验。

（四）微观个体对政策转变及经济环境变动的把握

一是企业职工对产业转型的认识普遍不足。在4323份有效样本中，仅有438名员工对企业产业转型概念有一定的了解。而另外90%的企业职工对产业转型的含义缺乏了解。

在职职工对产业转型的认知水平表现出人力资本积累的差异和区域差异。按学历划分，职工对产业转型的认知水平由高到低依次为博士、硕士、本科、高中、专科，具有专科学历的在职员工对产业转型的了解最少，在一定程度上反映出专科学校的教学内容有待改善。

按区域划分，在职人员对产业转型的了解程度由高到低依次为华北地区、珠三角地区、长三角地区、东北地区和西部地区，反映出经济发展水平越高的地区，对产业转型的了解越多。

二是绝大多数的企业在职职工对当地就业调整政策漠不关心。回收的4279份有效样本中，仅有796名企业员工了解当地就业信息的动态变化。就业调整政策与劳动力市场中的每个人息息相关，对它的无视，意味着新的就业机会的丧失。

不同学历的职工群体对就业信息的关注情况是不同的，基本上表现为高学历的职工对就业调整政策的关注要多于低学历职工。但具有专科学历的职工对就业调整政策的关注情况是最差的。

三是大部分企业职工表示，面对企业产业转型应该提高自身的知识技能水平；较少部分职工认为不需要提高自身的知识技能水平。但仍有一部分人不清楚是否该提升自身的知识技能水平，这说明他们对产业转型了解不足。接受不同教育的职工并未表现出对这一问题的不同看法。

三、进一步分析与讨论

（一）人力资本资源配置能力现状

通过对全国4495份企业职工的调查问卷的分析发现，在职员工对企业产业转型和当地的就业调整政策的关注度普遍不高，微观个体主观上对中国的经济发展形式和就业环境缺乏整体清晰的认识，然而认知不足导致准备不足，这意味着面对产业结构和就业环境的不断变换，中国有将近90%的人是毫无准备的，按郭继强（2005）对人力资本投资结构的划分，这个现象反映了中国劳动者人力资本的资源配置投入不足。

高素质劳动力是企业采用新技术，促进企业产业转型与升级的决定性力量（潘士远和林毅夫，2006），一般来说，产业转型和升级普遍提升了对劳动者素质的内在要求，按照国际发达国家的经验，专业技术人员的就业增长率是普通劳动者的 2 倍，而从事较高级的脑力劳动者的就业增长率则是普通劳动者的 3 倍（徐佳宾，2005）。而样本中 63% 的企业职工认为在产业转型时期应提高自身的知识技能水平，13% 的职工表示不需要提高自身的知识技能水平，而 24% 由于对经济形势缺乏正确的判断，他们不知道是否该提升自身的知识技能水平。这同样反映出劳动者人力资本的资源配置能力不足，不能对经济环境和制度变化做出清晰认识。

产业转型要求人力资本做出适配性调整，人力资本是实现产业转型的关键因素。人力资本结构与产业结构的有效匹配，能够促进经济的可持续发展。本书对引入人力资本投资结构的内生经济增长模型的分析结果表明，在其他条件不变的情况下，人力资本投资的数量和结构是影响经济增长的重要变量。经济中人力资本投资水平越高，单位有效劳动的产出越大；人力资本资源配置投入比例会对经济增长水平产生影响，最大化的人力资本增量水平和单位有效劳动的产出水平，均要求人力资本资源配置投资比例等于人力资本的投入产出弹性。劳动者的知识素质决定了经济生产中的技术水平。人力资本水平的提高对产业转型具有促进作用（李萍和谌新民，2012）。经济转型实际上是将劳动力资源转化为人力资本，并根据经济转型的需要，不断完善人力资本结构，实现人力资本水平与经济体制相匹配的过程（姚先国和盛乐，2002）。

由于人力资本结构在产业转型和经济增长中具有重要作用，笔者认为除了已有文献提到的政策性、制度性及其他中观和宏观层面的原因外，微观个体的人力资本资源配置投入不足，导致其资源配置能力欠缺，对产业转型和就业调整政策的认识不够，也是造成中国就业结构转变滞后于产业转型发展的一个重要原因。人力资本投资的数量和结构制约着人力资本的增量和经济增长水平，人力资本投资结构不合理造成劳动者自身缺少对经济发展形势及就业情况的整体把握，导致中国的就业转变滞后于产业转型步伐，阻碍了宏观经济的增长。

（二）高等教育与职业教育发展方向

对产业转型和就业调整政策的认知，因样本职工受教育水平的不同而表现出差异。按学历划分，对产业转型和就业调整政策的关注程度，由高到低依次为博士、硕士、本科、高中、专科。从这个角度看，提高中国劳动者的受教育水平有助于增强劳动者人力资本的资源配置能力，加强其对经济发展形势和就业环境的整体把握，能够尽快实现就业结构对产业转型的适应性调整。

因此，中国应加大高等教育的投资力度，改善学校的教育教学环境，为更多人提供受教育的机会，从而保证学生获得高水平教育，提升高等教育质量，为社会输送高素质人才。增加高等教育投资，能在一定程度上缓解就业结构与产业转型不匹配的问题。

值得注意的是，样本中具有专科学历的企业职工对产业转型和就业调整政策的关注情况最差，反映出这类群体的人力资本资源配置能力最弱，这在一定程度上也说明了中国职业教育内容的缺失。而潘士远和林毅夫（2006）指出职业教育是中国减少结构性失业，促进产业转型和升级的关键。但由于中国财政仍然是培训补贴的重要渠道，劳动力培训资金多头管理现象突出，资金分散和部门利益倾向，严重阻碍了职业教育的发展（中国经济增长与宏观稳定课题组，2007）。因此，我国应将职业教育纳入经济社会发展和产业规划，使职业教育规模、专业设置与经济发展相协调。优化职业教育的资源配置，注重培养实践技能和实际工作能力的应用型人才和具有一定文化水平和专业知识技能的劳动者。

当前，中国正面临着巨大的技工缺口问题，职业教育发展没有实现与区域劳动力市场的需求相匹配。中国社会科学院社会学研究所副所长陈光金指出，“当前中国劳动力市场就业格局仍然是工业化中期阶段的特征，整个劳动力市场需求比较多地集中在生产运输、设备操作工和一般商业服务业人员这两大类部门，这两大部门的就业用工需求占了66.4%，接近2/3。就业的结构性矛盾仍然很大，技术工人严重短缺的问题还没有缓解”。[①] 近期有多个省市表示其劳动力市场中存在巨大的技工缺口，例如，珠海市发布的《2012—2013 年珠海市紧缺技工工种目录》显示，珠海存在 76 个紧缺工种，技工缺口达 12 万人；[②] 浙江省高级蓝领人才缺口达 50% 以上，高

① http://www.jinnong.cn/news/2012/12/20/201212201513242741.shtml。

② http://gcontent.oeeee.com/d/fd/dfd7468ac613286c/Blog/fb6/05cd87.html。

级技工的就业率可实现100%；[①] 遂宁市新闻网日前公布该市企业出现“技工荒”，技能人才“青黄不接”。

中国当务之急是大力发展职业教育，建设紧贴产业需求、校企深度融合的专业，培养实践技能和实际工作能力的应用型人才和具有一定文化水平和专业知识技能的劳动者。将职业教育纳入经济社会发展和产业规划，使职业教育规模、专业设置与经济发展相协调。

另外，中国应鼓励民办教育，提升教育效率。公立学校由国家拨款，教学内容偏重于对基础学科学习和研究，课程设置的实用性不足；而私立学校依托市场，其课程设置必须满足市场需求，课程内容的应用型较强。当前中国各级各类教育处于被公立教育垄断的状态，而民办教育市场仍处于初级阶段，有待完善。因此，在保证国家对基本教育投入的基础上，应大力调动社会和市场力量，鼓励和完善私人办学，保证教育的多元化发展。私立学校能够紧贴市场需求，灵敏的“嗅到”市场上短缺的人才，并有针对性地进行教育和培训，能够迅速解决区域人才来源短缺问题，促进区域经济发展。

第三节　企业转型与共同愿景

一、共同愿景与企业转型的关系

近年来，共同愿景对于企业的作用日益受到关注。共同愿景最早由美国学者森奇（Senge，1990）在其著作《第五项修炼——学习型组织的艺术和实务》中提出。森奇指出，正如个人愿景是人们心中或脑海中所持有的意象或景象，共同愿景也是组织中人们所共同持有的意象或景象，它创造出众人是一体的感觉，并遍布到组织全面的活动，而使各种不同的活动融汇起来。森奇强调了共同愿景的共识性、共享性，即只有被组织成员广泛认同和支持的组织愿景才能成为共同愿景或共享愿景。国内学者牛继舜

① http：//career. eol. cn/kuai_xun_4343/20120929/t20120929_851649. shtml。

(2005）进一步论述了共同愿景与个人愿景、组织愿景三者之间的关系，指出共同愿景与个人愿景有着密不可分的关系，共同愿景高于个人愿景，个人愿景包含在共同愿景之中，共同愿景是个人愿景与组织愿景的有机结合。关于共同愿景的作用，森奇认为共同愿景会激发出人们的勇气去做为实现愿景必须做的事，共同愿景促使人们产生“创造性的学习”，而且共同愿景会改变成员与组织间的关系，产生一体感。国内学者田志龙和蒋倩通过对中国500强企业的愿景研究发现愿景与企业成长性之间具有一定的相关关系（田志龙和蒋倩，2009）。另外，许多学者也专门指出了共同愿景对于企业转型的重要作用，认为共同愿景是企业转型成功的关键因素之一。比如，科特（Kotter，1995）认为“提出愿景”“沟通愿景”是企业成功转型的必要步骤。罗宾斯（Robbins，1990）指出愿景沟通不足是导致企业转型失败的部分原因。中国台湾学者袁素萍（2003）的研究结果显示，愿沟通是影响企业转型成功的十大关键因素之一。

关于共同愿景的建立，森奇认为一方面要鼓励个人愿景，另一方面要分享组织的愿景并塑造整体图像。柯林斯和波拉斯（Collins and Porras，1994）认为愿景形成直至被接受为共同愿景是一个三阶段的过程：愿景显现与产生；愿景传播并被成员广泛接受；愿景执行与实施。加拿大的创新顾问公司总裁史密斯（Smith）提出了建立共同愿景的五个阶段：告知阶段、推销阶段、测试阶段、咨询商议阶段和共同创造阶段。我国学者牛继舜（2005）指出了建立共同愿景的两种基本途径：一是通过汇集组织成员的个人愿景形成共同愿景；二是积极倡导组织愿景使其得到组织成员的广泛认同而形成共同愿景。尽管不同学者提出的建立共同愿景的具体步骤有所不同，总体来说，建立共同愿景“其关键环节是融合个人愿景和组织愿景，这也是共同愿景的根本特征和生命力所在”。

二、企业转型共同愿景分析

本部分所用数据为教育部人文社会科学重点研究基地重大项目“经济增长中的产业结构与就业结构研究”课题的部分调研数据，由于样本数据中珠三角地区仅包括广州的调研数据，而我国西部地区企业转型尚不明显，故重点分析的是东北、华北及长三角地区的样本数据，有效样本量为3126。具体分析思路为：通过频数统计方法首先分析职工的个人愿景，探究在我国现阶段企业转型是否已深入人心，进而成为职工的个人愿景；其次从组织愿景角度考察企业转型这一组织愿景的传播沟通状况；最后分析组织愿景与个人愿景的融合程度，即企业转型组织愿景是否被职工广泛认同从而上升为共同愿景。运用频数统计方法对职工个人愿景、组织愿景传播状况、组织愿景与个人愿景融合三个角度进行分析，从而探究我国转型企业共同愿景的构建状况。

（一）个人愿景分析

个人愿景能够得到个体的深度关切，具有感召人心的力量。若企业转型成为职工的个人愿景，会激励职工为实现企业成功转型而努力，从而促进转型成功。本书根据全体职工对企业转型的了解程度，推断现阶段企业转型是否已成为职工的个人愿景。表 9－14 为全体职工对企业转型认识程度的频数统计。

表 9－14　　全体职工对企业转型的认识

是否了解企业转型	很熟悉		听说过，但不清楚		不知道		合计	
	频数	频率（%）	频数	频率（%）	频数	频率（%）	频数	频率（%）
东北地区	125	7.72	929	57.38	565	34.90	1619	100.00
华北地区	110	20.07	334	60.95	104	18.98	548	100.00
长三角地区	89	9.28	583	60.79	287	29.93	959	100.00
总体	324	10.36	1846	59.05	956	30.58	3126	100.00

从表 9－14 反映的全体职工对企业转型的总体认知情况来看，仅有10.36%的职工对企业转型很熟悉，59.05%的职工听说过但不清楚企业转型，而30.58%的职工甚至不知道企业转型。可见，职工对企业转型的总体了解程度不高。就各区域而言，华北地区职工对企业转型的认知水平最高，其次为长三角地区，东北地区职工对企业转型认知水平较低。对企业转型认知水平的地区差异可能是由于华北地区靠近政策中心，对产业转型政策了解较多，而东北老工业基地产业转型不明显，职工对企

业转型了解不足。

职工对企业转型缺乏了解，从而，企业转型不可能成为职工心中所持有的意向或景象。这意味着，在我国现阶段，企业转型观念没有深入人心，也难以成为职工的个人愿景。那么，现阶段我国职工的个人愿景聚焦在哪些方面呢？据相关报告，在全球劳动者关注的五大焦点问题中，失业问题与所得分配两极化是其中的两大焦点问题（明夷，2003）。据此，笔者认为职工深度关切的个人愿景主要体现在职工的就业愿景（稳定的工作、避免失业等）、收入愿景（工资上涨等）和职业生涯愿景（职业规划、晋升、技能等）。

（二）组织愿景传播状况分析

由以上个人愿景分析可知，现阶段企业转型尚没有成为职工的个人愿景。那么，企业对企业转型的景象蓝图即组织愿景传播状况如何？本书从全体职工对所在企业是否有转型的计划或行动的认识情况和转型企业职工对企业转型的认知程度两个角度进行分析。

表 9 - 15 为职工对所在企业是否有转型计划或行动的认知情况，可以看出，有高达 47.92% 的职工不清楚所在企业是否有转型的计划或行动。即使是认知情况最好的华北地区，其职工对此不清楚的比例也在 30% 以上。可见，企业转型的组织愿景没有得到广泛传播，企业转型也没有广泛授权员工参与。

表 9 - 15　　　　全体职工对所在企业转型计划或行动的认识

企业是否有转型计划或行动	有		没有		不清楚		合计	
	频数	频率(%)	频数	频率(%)	频数	频率(%)	频数	频率(%)
东北地区	185	11.43	557	34.40	877	54.17	1619	100.00
华北地区	174	31.75	209	38.14	165	30.11	548	100.00
长三角地区	171	17.83	332	34.62	456	47.55	959	100.00
总体	530	16.95	1098	35.12	1498	47.92	3126	100.00

表 9 - 16 为转型企业职工对企业转型的认识情况，与表 9 - 14 相比，

转型企业职工对企业转型的了解程度有所增加。但对企业转型很熟悉的职工比例仍然不高，总体比例仅为37.92%。企业产业转型比例最高的华北地区，也只有一半职工对企业转型很熟悉。进一步说明在企业转型过程中，企业没有很好地宣传企业转型的组织愿景，更没有广泛地使职工参与到企业转型中。

表9-16　　　　转型企业职工对企业转型的认识

是否了解企业转型	很熟悉		听说过，但不清楚		不知道		合计	
	频数	频率(%)	频数	频率(%)	频数	频率(%)	频数	频率(%)
东北地区	64	34.59	96	51.89	25	13.51	185	100.00
华北地区	87	50.00	84	48.28	3	1.72	174	100.00
长三角地区	50	29.24	110	64.33	11	6.43	171	100.00
总体	201	37.92	290	54.72	39	7.36	530	100.00

就各区域而言，由表9-15可知，东北地区的全体职工对所在企业是否有转型计划或行动不清楚的比例最高，其次为长三角地区，比例最低的为华北地区。如表9-16所示，东北地区的转型企业职工对企业转型不知道的比例仍是三个区域中的最高者，其次为长三角地区，比例最低的仍是华北地区。可见，华北地区企业转型组织愿景传播的状况好于其他两个地区。

（三）组织愿景与个人愿景融合状况分析

愿景传播并不一定会形成共同愿景。组织愿景能否上升为企业和职工的共同愿景，取决于组织愿景和个人愿景是否融合，组织愿景是否被组织成员（企业职工）广泛认同和支持。具体来说，当企业转型这一组织愿景对个人愿景有利时，企业转型组织愿景容易被职工广泛认同从而成为共享愿景。下面从企业转型对个人愿景的影响角度来分析组织愿景与个人愿景的融合程度，包括就业影响、收入影响、职业生涯影响三个方面。

1. 就业影响

企业转型升级过程中往往伴随着失业问题。人社部原副部长信长星

(2003) 认为，产业转型升级固然会带来大批新的岗位，但劳动力从低端产业向高端产业的转换并不是自然而然就能实现的，其间必然伴随着结构性失业。那么，从职工角度来看，企业转型对职工就业愿景会有怎样的影响？表 9－17 体现了转型企业职工关于企业转型对自身就业影响的认识。

表 9－17　　转型企业职工关于企业转型对就业机会影响的认识

企业转型，就业机会怎样变化	更容易就业		就业难度加大		基本无差异		不清楚		合计	
	频数	频率(%)	频数	频率(%)	频数	频率(%)	频数	频率(%)	频数	频率(%)
东北地区	38	20.54	54	29.19	78	42.16	15	8.11	185	100.00
华北地区	72	41.38	37	21.26	61	35.06	4	2.30	174	100.00
长三角地区	29	16.96	55	32.16	69	40.35	18	10.53	171	100.00
总体	139	26.23	146	27.55	208	39.25	37	6.98	530	100.00

总体来看，转型企业职工对自身就业机会在企业转型中受到的影响持悲观态度，认为企业转型使就业更容易的职工比例仅为 26.23%。就各区域而言，华北地区的转型企业职工认为企业转型会使就业更容易的比例最高，其次为东北地区，而长三角地区的比例最低。

在就业机会方面，转型企业职工认为企业转型对自身的影响弊大于利。企业职工的悲观态度将导致其害怕企业转型带来的不利影响，从而企业转型的组织愿景难以获得大部分职工的认同和支持，也就难以成为企业和职工的共同愿景或共享愿景。

2. 收入影响

我国学者汪丁丁（2010）指出，劳动工资偏低会影响企业转型，因为人类有一种根深蒂固的本能，如果未来劳动成果的分配方案太不公平，进入真实的生产阶段时，就会怠工。这是人类的基本行为模式之一。表 9－18 所示为转型企业职工关于企业转型对收入影响的认识。

表 9-18　　转型企业职工关于企业转型对收入影响的认识

企业转型，收入如何变化	增加了		没有增加		不清楚		合计	
	频数	频率(%)	频数	频率(%)	频数	频率(%)	频数	频率(%)
东北地区	98	52.97	85	45.95	2	1.08	185	100.00
华北地区	101	58.05	72	41.38	1	0.57	174	100.00
长三角地区	80	46.78	87	50.88	4	2.34	171	100.00
总体	279	52.64	244	46.04	7	1.32	530	100.00

总体来看，认为企业转型使收入增加的职工比例为52.64%，这说明只有略多于半数的职工预期企业转型会增加自己收入，近半数的职工认为企业转型不会使自己收入增加。当职工分享不到企业转型带来的好处时，企业难以调动职工的积极性，职工也不能发自内心地支持企业转型的组织愿景，企业转型组织愿景也就难以成为企业和职工的共同愿景。

就各区域而言，华北地区的转型企业职工认为企业转型增加收入的比例最高，其次为东北地区，而长三角地区最低。

3. 职业生涯影响

关于企业转型对职工职业生涯愿景的影响，本书从转型企业职工是否会根据企业转型调整职业生涯规划的角度和是否需要提升知识技能的角度进行分析。

表9-19为转型企业职工关于企业转型对职业生涯规划调整的认识情况。总体来看，只有14.91%的职工认为企业转型不会影响到个人的职业生涯规划，不会根据企业转型调整职业生涯规划。表9-20为转型企业职工关于是否需要提升知识技能水平的认识情况。总体而言，80.38%的职工认为需要提升知识技能水平，即绝大部分职工认为企业转型对自身知识技能水平提出了更高的要求。表9-19、表9-20表明转型企业职工认识到企业转型会影响自身的职业生涯规划，并对自身的知识技能水平提出了更高要求。这意味着，在企业转型中，职工将面对更多的不确定性，因而可能产生不安全感和恐惧感，进而引发职工对转型的抗拒，不利于共同愿景的建立。

表 9 – 19　转型企业职工关于企业转型对职业生涯规划调整的认识

是否根据企业转型，调整职业生涯规划	一定会		可能会		不会		没想过		合计	
	频数	频率（%）	频数	频率（%）	频数	频率（%）	频数	频率（%）	频数	频率（%）
东北地区	52	28.11	88	47.57	27	14.59	18	9.73	185	100.00
华北地区	28	16.09	89	51.15	37	21.26	20	11.49	174	100.00
长三角地区	49	28.65	86	50.29	15	8.77	21	12.28	171	100.00
总体	129	24.34	263	49.62	79	14.91	59	11.13	530	100.00

表 9 – 20　转型企业职工对是否需要提升知识技能水平的认识

是否需要提升知识技能水平	是		否		不清楚		合计	
	频数	频率（%）	频数	频率（%）	频数	频率（%）	频数	频率（%）
东北地区	135	72.97	29	15.68	21	11.35	185	100.00
华北地区	166	95.40	5	2.87	3	1.72	174	100.00
长三角地区	125	73.10	20	11.70	26	15.20	171	100.00
总体	426	80.38	54	10.19	50	9.43	530	100.00

三、进一步分析与讨论

（一）转型企业共同愿景现状

从以上对 3126 份职工调查问卷的数据分析，可以发现，在我国现阶段，职工个人对企业转型没有表现出很高的兴趣，对企业转型了解不足，所以企业转型不可能成为职工的个人愿景。

从企业转型组织愿景的传播状况来看，组织愿景传播沟通不足，许多职工甚至不清楚自己所在企业是否有转型的计划或行动，即使是所在企业有转型行动或计划的企业职工对企业转型很熟悉的比例也不高。说明在企业转型过程中企业没有很好地传播沟通组织愿景，也没有广泛地使职工参与到转型过程中。

从组织愿景与个人愿景的融合角度来看，总体而言，企业转型组织愿景对个人的就业愿景、收入愿景、职业生涯愿景产生不利影响。具体表现在：转型企业职工认为企业转型对自身的就业机会影响弊大于利，从而企业转型的组织愿景难以获得大部分职工的认同和支持。近半数的职工并不预期企业转型会给自己带来收入增加的好处，那么，企业就难以调动其积极性，从而不能使其发自内心地支持企业转型的组织愿景。企业转型给职工带来的职业生涯规划调整的要求和自身知识技能水平提高的要求，会使职工对未来产生不安全感，不利于共同愿景的建立。可见，无论是在职工个人愿景方面、组织愿景传播方面，还是在组织愿景与个人愿景的融合方面，企业都没有很好地建立企业转型的共同愿景。

就各区域而言，整体上华北地区无论是在企业转型组织愿景传播方面，还是组织愿景与个人愿景的融合方面优于东北地区和长三角地区，这可能与华北地处我国政策中心、经济发展迅速有关。

（二）提高转型企业共同愿景

1. 鼓励和充分考虑个人愿景

有意建立共同愿景的组织，必须持续不断地鼓励成员发展自己的个人愿景（郭继强，2005）。一方面，政府和企业应使职工充分了解企业转型，让企业转型观念深入职工的内心，让企业转型得到职工个体的深切关注，这样企业转型才有可能成为职工的个人愿景，从而利于成为职工和企业的共同愿景，促进转型成功。另一方面，企业在建立企业转型共同愿景时应该充分考虑职工的个人愿景，包括就业愿景、收入愿景、职业生涯愿景等。为此，企业可以构建职工个人愿景管理平台。企业鼓励职工制定个人愿景并向人力资源部门报告这一愿景，相关管理部门对职工的个人愿景提供建设性意见，并尽力帮助职工实现个人愿景（袁素萍，2005）。企业对职工个人愿景的充分鼓励和支持，会促使职工为实现个人愿景努力工作，产生巨大的创造性张力，从而也有利于促进企业转型共同愿景的实现。

2. 传播沟通组织愿景

分享愿景的过程，比愿景源自何处更为重要。企业高层领导者在提出企业转型的组织愿景后，应进行多方面、多渠道的宣传沟通，使职工深入了解企业转型的组织愿景，并进一步使企业转型组织愿景上升为企业和职工的共同愿景。企业高层领导者应以简单明了且清晰形象的语言告知职工企业转型的组织愿景。向职工清晰地宣传转型愿景，可以使职工准确理解企业转型组织愿景的内涵。

然而，传播企业转型愿景不能仅停留在传统的单向沟通上，应保持企业与职工的双向沟通，进行对话式的磋商。企业要充分吸收职工对企业转型的意见与建议，倾听职工对企业转型的顾虑。针对职工的顾虑，企业管理者应帮助职工消除其对转型的恐惧，转变职工对企业转型的看法，增强职工对转型的信心。

3. 融合组织愿景与个人愿景

如果企业转型的组织愿景与职工的个人愿景没有紧密结合，则二者无法形成合力，这意味着职工不会发自内心地支持企业转型的组织愿景，从而企业转型的组织愿景难以成为企业和职工的共同愿景，不利于企业转型的成功。因此，为构建企业转型共同愿景，应把职工的就业愿景、收入愿景、职业生涯愿景等个人愿景有机融入企业转型组织愿景中。

企业转型组织愿景不能仅局限在促进企业更好发展的目的上，也应突出企业转型与职工的利益联系，把重心放在企业转型愿景所能够为企业及其职工带来的益处上。在企业转型愿景实现过程中，应逐步兑现转型给职工带来的好处。这样，职工才能真切感受到企业转型组织愿景对自己的益处，感受到企业转型组织愿景与个人愿景的融合。企业转型组织愿景利于被广大职工认可和支持，从而孕育成为真正的共同愿景。

4. 开展组织职业生涯管理

企业转型过程中，大部分职工需要根据企业转型，调整个人的职业生涯规划，提高自身的知识技能水平。企业转型给职工职业生涯愿景带来的不确定性及高要求，往往会对职工造成一定的压力，不利于企业转型共同愿景的建立。因此，为促使职工支持企业转型愿景，除了职工进行个人职业生涯规划外，企业应重视对职工进行职业生涯管理，即组织职业生涯管理。

开展组织职业生涯管理，可以按照我国学者龙立荣提出的组织职业生涯管理的四维结构进行，即“职业发展”“注重培训”“公平晋升”“提供信息”。具体来说，企业应为职工提供职业发展通道、职位空缺等信息，并且建立公平的职业晋升制度，为职工实现个人的职业生涯愿景提供良好的条件与支持。更为重要的是，企业应建立适合企业职业生涯管理的培训体系，对职工进行持续的培训，提高职工的知识技能水平，适应企业转型的需要。转型企业开展组织职业生涯管理，利于实现职工的职业生涯愿景，从而使企业转型组织愿景与职工个人愿景相融合，利于共同愿景的构建。

参考文献

[1] 蔡昉:《户籍制度改革与城乡社会福利制度统筹》, 载于《经济学动态》2010 年第 10 期。

[2] 蔡昉:《为什么奥肯定律在中国失灵——再论经济增长与就业的关系》, 载于《宏观经济研究》2007 年第 1 期。

[3] 蔡昉:《中国劳动力市场发育及就业变化》, 载于《经济研究》2007 年第 7 期。

[4] 蔡昉、都阳、高文书:《就业弹性、自然失业和宏观经济政策》, 载于《经济研究》2004 年第 9 期。

[5] 蔡昉、都阳等:《就业弹性、自然失业和宏观经济政策——为什么经济增长没有带来显性就业?》, 载于《经济研究》2004 年第 9 期。

[6] 蔡昉、王美艳等:《中国工业重新配置与劳动力流动趋势》, 载于《中国工业经济》2009 年第 8 期。

[7] 蔡昉等:《就业弹性、自然失业和宏观经济政策》, 载于《经济研究》2004 年第 9 期。

[8] 蔡昉:《中国劳动力市场发育与就业变化》, 载于《经济研究》2007 年第 7 期。

[9] 常进雄、楼铭铭:《关于我国工业部门就业潜力问题的研究——基于产业结构偏离度的分析》, 载于《上海财经大学学报》2004 年第 3 期。

[10] 陈大红:《产业结构与就业结构的关联性分析——以北京市为例的实证研究》, 载于《西北人口》2007 年第 4 期。

[11] 陈大红:《中国产业结构与就业结构的关联性研究》, 载于《当代经济》2007 年第 3 期。

[12] 陈听雨:《欧盟公布就业促进计划》[EB/OL]. http: //finance.ifeng. com/news/hqcj/20120420/5966662. shtml。

[13] 陈桢:《产业结构与就业结构关系失衡的实证分析》，载于《山西财经大学学报》2007年第10期。

[14]（日）赤松要:《我国产业发展的雁行形态》，载于《一桥论丛》1957年14卷2号，第38~50页。

[15] 崔亮、艾冰:《对产业结构与就业结构关系的探讨——以新疆为例》，载于《财经问题研究》2008年第6期。

[16] 邓聚龙:《灰色理论基础》，华中科技大学出版社2002年版。

[17] 丁守海:《中国就业弹性究竟有多大?——兼论金融危机对就业的滞后冲击》，载于《管理世界》2009年第5期。

[18] 樊秀峰、周文博、成静:《我国产业结构与就业吸纳能力的实证分析》，载于《审计与经济研究》2012年第2期。

[19] 范建勇、颜燕、王加胜:《改革以来就业结构变动及其对经济增长的贡献》，载于《宏观经济研究》2001年第9期。

[20] 冯芳芳:《区域产业结构升级影响因素研究》，重庆大学硕士学位论文，2012年。

[21] 奉莹:《中国就业结构演变及就业的产业结构发展趋势研究——基于人工神经网络的定量分析》，西南财经大学博士论文，2009年。

[22] 付凌晖:《产业结构高级化与经济增长关系的实证研究》，载于《统计研究》2010年第8期。

[23] 干春晖、余典范:《城市化与产业结构的战略性调整和升级》，载于《上海财经大学学报》2003年第8期。

[24] 干春晖、郑若谷等:《中国产业结构变迁对经济增长和波动的影响》，载于《经济研究》2011年第5期。

[25] 高波、陈健、邹琳华:《区域房价差异、劳动力流动与产业升级》，载于《经济研究》2012年第1期。

[26] 高波等:《区域房价差异、劳动力流动与产业升级》，载于《经济研究》2012年第1期。

[27] 高铁梅等:《计量经济分析方法与建模: Eviews应用与实例》，清华大学出版社2009年版。

[28] 工业化与城市化协调研究课题组:《工业化与城市化关系的经济

学分析》，载于《中国社会科学》2002 年第 2 期。

[29] 龚玉泉、袁志刚：《中国经济增长与就业增长的非一致性及其形成机理》，载于《经济学动态》2002 年第 10 期。

[30] 关满博：《东亚新时代的日本经济——超越“全套型”产业结构》，上海译文出版社 1997 年版，第 219 页。

[31] 郭继强：《人力资本投资的结构分析》，载于《经济学（季刊）》2005 年第 3 期。

[32] 郭军、刘瀑、王承宗：《就业发展型经济增长的产业支撑背景研究》，载于《中国工业经济》2006 年第 5 期。

[33] 郭军等：《就业发展型经济增长的产业支撑背景研究》，载于《中国工业经济》2006 年第 5 期。

[34] 郭克莎：《我国产业结构变动趋势及政策研究》，载于《管理世界》1999 年第 5 期。

[35] 郭克莎：《中国工业发展战略及其政策选择》，载于《中国社会科学》2004 年第 1 期。

[36] 郭克莎：《总量问题还是结构问题——产业结构偏差对我国经济增长的制约及调整思路》，载于《经济研究》1999 年第 9 期。

[37] 国家发改委宏观经济研究院课题组：《产业结构调整对中国就业的影响研究》，载于《经济学动态》2008 年第 6 期。

[38] 国务院发展研究中心：《我国产业结构升级面临的风险和对策》，载于《经济研究参考》2010 年第 3 期。

[39] 何德旭、姚战琪：《中国产业结构调整的效应、优化升级目标和政策措施》，载于《中国工业经济》2008 年第 5 期。

[40] 胡华敏：《河南产业结构与就业结构的变化趋势研究》，载于《河南社会科学》2007 年第 9 期。

[41] 胡晶、魏传华、吴喜之：《空间误差自相关随机前沿模型及其估计》，载于《统计与信息论坛》2007 年第 2 期。

[42] 胡晶等：《空间误差自相关随机前沿模型及其估计》，载于《统计与信息论坛》2007 年第 2 期。

[43] 胡秋阳：《中国劳动力投入增长及其产业结构变化的因素分

析——与日本的比较》，http：//www. cenet. org. cn 2006－12－25。

［44］胡向婷、张璐：《地方保护主义对地区产业结构的影响——理论与实证分析》，载于《经济研究》2005年第2期。

［45］胡学勤：《劳动经济学》，高等教育出版社2004年版。

［46］黄锟：《深化户籍制度改革与农民工市民化》，载于《城市发展研究》2009年第2期。

［47］黄仁德、钟建屏：《台湾产业结构变动与失业率关系之探讨》，载于《法制论丛》2008年第1期。

［48］蒋昭侠：《产业结构问题研究》，中国经济出版社2005年版。

［49］金碚、吕铁、李晓华：《关于产业结构调整几个问题的探讨》，载于《经济学动态》2010年第8期。

［50］金碚、吕铁等：《关于产业结构调整几个问题的探讨》，载于《经济学动态》2010年第8期。

［51］景跃军：《战后美国产业结构演变研究》，吉林大学博士学位论文，2004年。

［52］库兹涅茨：《各国的经济增长——总产值和生产结构》，商务印书馆1985年版，第118页。

［53］赖德胜：《论劳动力市场的制度性分割》，载于《经济科学》1996年第6期。

［54］李刚、廖建辉等：《中国产业升级的方向与途径——中国第二产业占GDP的比例过高了吗?》，载于《中国工业经济》2011年第10期。

［55］李冠霖、任旺兵：《从我国第三产业结构偏离度的演变轨迹及国际比较看我国第三产业的就业增长》，载于《财贸经济》2003年第10期。

［56］李江帆、黄少军：《世界第三产业与产业结构演变规律的分析》，载于《经济理论与经济管理》2001年第2期。

［57］李萍、谌新民：《人力资本投资、就业稳定性与产业转型升级——基于东莞市的经验数据》，载于《学术研究》2012年第9期。

［58］李文：《城市化滞后的经济后果分析》，载于《中国社会科学》2001年第4期。

［59］李文星：《产业结构优化与就业增长》，载于《当代财经》2012

年第3期。

[60] 李艳：《陕西省就业结构变动趋势及调整》，载于《边疆经济与文化》2006年第11期。

[61] 李雁玲：《澳门产业结构与就业结构变动研究》，暨南大学博士学位论文2008年。

[62] 李玉凤、高长元：《黑龙江省就业结构变动与产业结构调整相互关系研究》，载于《统计与决策》2008年第4期。

[63] 李仲生：《中国产业结构与就业结构的变化》，载于《人口与经济》2003年第2期。

[64] 梁艳菊等：《重庆市产业结构与就业结构的变动趋势研究》，载于《科技和产业》2006年第10期。

[65] 林秀梅：《我国转型期经济增长、经济结构与就业的关联性研究》，吉林大学博士学位论文，2006年。

[66] 刘崇仪：《美国产业结构变动与服务业的发展》，载于《世界经济研究》2007年第2期。

[67] 刘军丽：《中国三大产业就业结构与就业弹性的实证分析》，载于《统计与决策》2009年第9期。

[68] 刘社建：《就业结构与产业升级协调互动探讨》，载于《社会科学》2005年第6期。

[69] 刘伟：《产业结构与经济增长》，载于《中国工业经济》2002年第5期。

[70] 刘伟、张辉：《中国经济增长中的产业结构变迁和技术进步》，载于《经济研究》2008年第11期。

[71] 刘晓英：《中国三次产业的发展对就业的影响研究》，载于《湖南行政学院学报》2011年第5期。

[72] 刘宇：《外商直接投资对我国产业结构影响的实证分析——基于面板数据模型的研究》，载于《南开经济研究》2007年第1期。

[73] 刘志雄：《东亚产业结构演进影响因素的实证研究》，载于《云南财经大学学报》2010年第3期。

[74] 陆铭、欧海军：《高增长与低就业：政府干预与就业弹性的经验

研究》，载于《世界经济》2011 年第 12 期。

[75] 陆铭、向宽虎等：《中国的城市化和城市体系调整：基于文献的评论》，载于《世界经济》2011 年第 6 期。

[76] 陆泽锦、黎迪康：《产业结构演化的影响因素分析及应用》，载于《广西财经学院学报》2011 年第 6 期。

[77] 马歇尔：《经济学原理（上卷）》，商务印书馆 1983 年版，第 157、240 页。

[78] 牛继舜：《论共同愿景的构成要素与作用》，载于《现代管理科学》2005 年第 6 期。

[79] 潘士远、林毅夫：《中国的就业问题及其对策》，载于《经济学家》2006 年第 1 期。

[80] 蒲艳萍：《产业结构变动对就业增长影响及国际比较》，载于《现代财经》2005 年第 2 期。

[81] 蒲艳萍：《转型期的中国经济增长、就业与公共政策》，重庆大学博士学位论文 2006 年。

[82] 綦良群、李兴杰：《区域装备制造业产业结构升级机理及影响因素研究》，载于《中国软科学》2011 年第 5 期。

[83] 钱纳里、鲁宾逊、赛尔奎因著，吴奇等译：《工业化和经济增长的比较研究》，上海三联书店 1989 年版，第 34 ~ 266 页。

[84] 钱纳里、赛尔奎因：《发展的形式——1950 - 1970》，经济科学出版社 1988 年版，第 18 页。

[85] 宋燕波：《大连市产业结构与就业结构变动关系研究》，大连理工大学硕士学位论文 2007。

[86] 孙红芹：《山东省产业结构与就业结构均衡性的实证研究》，载于《经济论坛》2009 年第 1 期。

[87] 孙建、周兵：《产业结构与就业结构相关性的 SEM 研究》，载于《统计与决策》2008 年第 1 期。

[88] 田志龙、蒋倩：《中国 500 强企业的愿景：内涵、有效性与影响因素》，载于《管理世界》2009 年第 7 期。

[89] 王美艳、蔡昉：《户籍制度改革的历程与展望》，载于《广东社

会科学》2008年第6期。

[90] 王庆丰：《中国产业结构与就业结构协调研究》，南京航空航天大学博士学位论文，2010年。

[91] 王庆丰：《中国产业结构与就业结构整体协调性测度研究》，载于《科技管理研究》2009年第5期。

[92] 王庆丰、党耀国：《基于Moore值的中国就业结构滞后时间测算》，载于《管理评论》2010年第7期。

[93] 王少国：《中国经济增长、产业结构升级对城镇就业的影响分析》，载于《当代财经》2005年第7期。

[94] 王晓君、刘爱芝：《山东省产业结构与就业结构协调发展研究》，载于《山东社会科学》2006年第8期。

[95] 王燕飞，曾国平：《FDI、就业结构及产业结构变迁》，载于《世界经济研究》2006年第7期。

[96] 王忠平、史常亮：《江苏省经济增长、产业结构变动与就业的动态关系研究》，载于《农业技术经济》2010年第11期。

[97] 威廉·配第著，陈东野译：《政治算术》，商务印书馆1978年版，第19~20页。

[98] 威廉·配第著，马妍译：《政治算术》，中国社会科学出版社2010年版。

[99] 吴江、封晓庆：《四川产业结构与就业结构的动态关系》，载于《财经科学》2006年第7期。

[100] 夏杰长：《我国劳动就业结构与产业结构的偏差》，载于《中国工业经济》2000年第1期。

[101] 筱原三代平：《产业结构与投资分配》，载于一桥大学《经济研究》1957年第8卷第4号。

[102] 徐朝阳、林毅夫：《发展战略与经济增长》，载于《中国社会科学》2010年第3期。

[103] 徐广军、张汉鹏：《美国产业演进模式与我国产业结构升级》，载于《经济与管理研究》2010年第7期。

[104] 徐佳宾：《产业升级中的中国劳动成本优势》，载于《经济理论

与经济管理》2005 年第 2 期。

[105] 徐向东:《广东省产业结构与就业结构演进特征与互动效率研究》,载于《学术研究》2009 年第 5 期。

[106] 闫海洲:《长三角地区产业结构高级化及影响因素》,载于《财经科学》2010 年第 12 期。

[107] 杨建芳、龚六堂、张庆华:《人力资本形成及其对经济增长的影响——一个包含教育和健康投入的内生增长模型及其检验》,载于《管理世界》2006 年第 5 期。

[108] 姚树洁、韦开蕾:《中国经济增长、外商直接投资和出口贸易的互动实证分析》,载于《经济学季刊》2007 年第 1 期。

[109] 姚先国、盛乐:《对中国经济转型成效的另一种解释》,载于《经济学动态》2002 年第 5 期。

[110] 姚战琪、夏杰长:《资本深化、技术进步对中国就业效应的经验分析》,载于《世界经济》2005 年第 1 期。

[111] 余长林:《人力资本投资结构与经济增长》,载于《财经研究》2006 年第 10 期。

[112] 袁素萍:《企业转型成功关键因素之研究》,台湾成功大学硕士学位论文,2003 年。

[113] 张车伟、蔡昉:《就业弹性的变化趋势研究》,载于《中国工业经济》2002 年第 5 期。

[114] 张二震、任志成:《FDI 与中国就业结构的演进》,载于《经济理论与经济管理》2005 年第 5 期。

[115] 张红梅、蒋中挺:《产业结构与就业结构相关性的实证分析——以江苏省为例》,载于《国土与自然资源研究》2008 年第 3 期。

[116] 张红宇:《就业结构调整与中国农村劳动力的充分就业》,载于《农业经济问题》2003 年第 7 期。

[117] 张华初:《中国就业结构演变的 SDA 分析》,载于《中国人口科学》2008 年第 2 期。

[118] 张建武、宋国庆:《产业结构与就业结构的互动关系及其政策含义》,载于《经济与管理研究》2005 年第 1 期。

[119] 张军:《改革以来中国资本形成与经济增长:一些发现及其解释》,载于《世界经济文汇》2002 年第 1 期。

[120] 张梅、陈喜强:《CAFTA 进程中粤、桂、云、琼四省区产业结构与就业结构协调问题研究》,载于《经济问题探索》2009 年第 6 期。

[121] 张梅珍:《我国媒介产业结构的影响因素分析》,载于《理论月刊》2008 年第 4 期。

[122] 张守一:《美国产业与就业结构变化》,载于《数量经济技术经济研究》1989 年第 7 期。

[123] 张晓旭:《中国就业增长与产业结构变迁关系的考量》,载于《统计与决策》2007 年第 4 期。

[124] 赵杨、刘延平:《国产业结构与就业结构的关联性分析》,载于《经济学动态》2010 年第 12 期。

[125] 中国经济增长与宏观稳定课题组:《劳动力供给效应与中国经济增长路径转换》,载于《经济研究》2007 年第 10 期。

[126] 周建安:《中国产业结构升级与就业问题的灰色关联分析》,载于《财经理论与实践》2006 年第 5 期。

[127] 周建安:《中国产业结构升级与就业问题的灰色关联分析》,载于《财经理论与实践》2006 年第 9 期。

[128] 周振华:《现代经济增长中的结构效应》,三联书店上海分店,上海人民出版社 1995 年版。

[129] 朱轶、熊思敏:《技术进步、产业结构变动对中国就业效应的经验研究》,载于《技术经济数量经济研究》2009 年第 5 期。

[130] 朱轶等:《技术进步、产业结构变动对我国就业效应的经验研究》,载于《数量经济技术经济研究》2009 年第 5 期。

[131] Abernathy W. J., Townsend P. L., "Technology, productivity and process change", Technological Forecasting and Social Change, Vol. 7 (4), 1975, 379 - 396.

[132] Aghion P., Howitt P., "Growth and unemployment", The Review of Economic Studies, Vol. 61 (3), 1994, 477 - 494.

[133] Bain J. S., International differences in industrial structure: eight

nations in the 1950s, New Haven: Yale University Press, 1966.

[134] Becker G. S., "Investment in human capital: A theoretical analysis", Journal of political economy, Vol. 70 (5, Part 2), 1962, 9-49.

[135] Blyth C., "Economic Growth of Nations: Total Output and Production Structure", Economica, Vol. 40, 1972, 817-819.

[136] Boeke J. H., Economics and economic policy of dual societies as exemplified by Indonesia, AMS Press, 1953.

[137] Browning E. K., Zupan M A, Lunn J., Microeconomics, Theory and Applications. 4thedition, USA: Harper Collins Publisher, 1992, 219-220.

[138] Carlsson B., "The evolution of manufacturing technology and its impact on industrial structure: an international study", Small Business Economics, Vol. 1 (1), 1989, 21-37.

[139] Carolina C., "The Relative Weight of Manufacturing and Services in Europe: An Innovation Perspective", Technological Forecasting and Social Change, Vol. 259 (76), 2000, 709-722.

[140] Chamberlin E. H., The Theory of Monopolistic Competition, Cambridge: Harvard University Press. 1933.

[141] Chenery H B., Elkington H., Sims C., A Uniform Analysis of Development Pattern, London: Cambridge Mass, 1970.

[142] Chenery H. B, Syrquin M., Elkington H., Patterns of development, 1950-1970, London: Oxford University Press, 1975.

[143] Chenery H. B., Elkington H., Sims C. A., A uniform analysis of development patterns. Harvard University, Center for International Affairs, 1970, 162.

[144] Chenery H. B., "Patterns of industrial growth", The American Economic Review, Vol. 50 (4), 1960, 624-654.

[145] Chenery H. B., Syrquin, M. Patterns of Develonment. 1957-1970, London: Oxford University Press, 1975.

[146] Chenery H. B., "Patterns of Industrial Growth", American Economic Reviews, Vol. 175 (50), 1960, 624-654.

[147] Chenery H. B. Syrquin M., With the Assistance of Hazel Elkington. Patterns of Development: 1950 – 1970, Oxford: Oxford University Press, 1975.

[148] Clark C., The Conditions of Economic Progress, London: Macmillan, 1940.

[149] Clark C., The Conditions of Economic Progress, Macmillan, 3rd edition, 1957, 3 – 17.

[150] Clark C., "The conditions of economic progress", New York: St Martin's, 1940, 712.

[151] Clark C. The Conditions of Economic Progress, London: MacMillan, 1957.

[152] Cobb C. W., Douglas P. H., A theory of production, The American Economic Review, Vol. 18 (1), 1928, 139 – 165.

[153] Denison, E. F. Why Growth Rates Differ: Postwar Experience in Nine Western Countries. Brookings Institution, 1968.

[154] Dobbs I. M., Hill M. B., Waterson M., "Industrial structure and the employment consequences of technical change", Oxford Economic Papers, Vol. 39 (3), 1987, 552 – 567.

[155] Fagerberg J., "Technological progress, structural change and productivity growth: a comparative study", Structural change and economic dynamics, Vol. 11 (4), 2000, 393 – 411.

[156] Fang C., Meiyan W., "Irregular employment and the growth of the labor market: an explanation of employment growth in China's cities and towns", Chinese Economy, Vol. 37 (2), 2004, 16 – 28.

[157] Fernando D. R. Embodied Technical Progress and Unemployment, Université catholique de Louvain, Institut de Recherches Economiques et Sociales (IRES) Discussion Paper, 2001.

[158] Fisher A. G. B., "Production, Primary, Secondary and Tertiary", Economic Record, Vol. 15 (1), 1939, 24 – 38.

[159] Gort M., Klepper S., "Time paths in the diffusion of product inno-

vations", The Economic Journal, Vol. 92, 1982, 630 - 653.

[160] Granger C. W. J., "Investigating Causal Relations by Econometric Models and Cross - spectral Methods", Econometrica, Vol. 37 (3), 1969, 424 - 438.

[161] Griffin J. M., Karolyi G. A., "Another Look at the Role of the Industrial Structure of Markets for International Diversification Strategies", Journal of Financial Economics, Vol. 50 (3), 1998, 351 - 373.

[162] Hayami Y., Ruttan V. W., Agricultural development: an international perspective, Baltimore, Md/London: The Johns Hopkins Press, 1971.

[163] Heston S. L., Rouwenhorst K. G., "Does Industrial Structure Explain the Benefits of International Diversification?", Journal of Financial Economics, Vol. 36 (1), 1994, 3 - 27.

[164] Hirschman A. O., The strategies of economic development, New Haven: Yale University Press, 1958.

[165] Hoffmann W. G., The Growth of Industrial Economics, Manchester: Manchester University Press, 1958, 20 - 30.

[166] Hollanders H., Ter Weel B., "Technology, knowledge spillovers and changes in employment structure: evidence from six OECD countries", Labour Economics, Vol. 9 (5), 2002, 579 - 599.

[167] John H Moore, "A Measure of Structural Change in Output", The Review of Income and Wealth, Vol. 12 (3), 1978, 105 - 117.

[168] Kotter J. P., "Leading Change: Why Transformation Efforts Fail", Harvard Business Review, Vol. 73 (2), 1995, 59 - 67.

[169] Kuznets S., "Modern economic growth: findings and reflections", The American economic review, Vol. 63 (3), 1973, 247 - 258.

[170] Kuznets S., "Quantitative Aspects of the Economic Growth of Nations: II. Industrial Distribution of National Product and Labor Force", Economic Development & Cultural Change, Vol. 5 (4), 1957, 1 - 111.

[171] Kuznets S., Economic Growth of Nations, Boston: Belknap Press of Harvard University Press, 1971, 161 - 182.

[172] Leontief W. W., "Quantitative input and output relations in the economic systems of the United States", The Review of Economic Statistics, Vol. 18, 1936, 105 - 125.

[173] Lewis W. A., "Economic development with unlimited supplies of labour", Manchester School, Vol. 22 (2), 2010, 139 - 191.

[174] Lrio F. D., "Embodied technical progress and Unemployment", Discussion Papers (IRES - Institut de Recherches Economiques et Sociales), 2001.

[175] Mankiw N. G., Romer, D., Weil, D. N, "A contribution to the empirics of economic growth", The quarterly journal of economics, Vol. 107 (2): 1992, 407 - 437.

[176] Montobbio F., "An evolutionary model of industrial growth and structural change", Structural Change and Economic Dynamics, Vol. 13 (4): 2002, 387 - 414.

[177] Myint H., "The 'classical theory' of international trade and the underdeveloped countries", International Economics Policies & Their Theoretical Foundations, Vol. 68 (270), 1958, 317 - 337.

[178] Myrdal G., Sitohang P., Economic Theory and Under - Developed Regions, London: Duckworth, 1957.

[179] Nurkse R., "Problems of capital formation in underdeveloped countries", Basil Blackwell, Vol. 8 (1), 1953, 413 - 420.

[180] Ozaki I., "INDUSTRIAL STRUCTURE AND EMPLOYMENT: —The Experiences in Japanese Economic Development, 1955 - 68", The Developing Economies, Vol. 14 (4), 1976, 341 - 365.

[181] Peneder M., "Industrial structure and aggregate growth", Structural change and economic dynamics, Vol. 14 (4), 2003, 427 - 448.

[182] Petit P., The Economics of Innovation and Technical Change, Basil Blackwell, Oxford, 1995.

[183] Porras J. I., Collins J. C., Built to last: Successful habits of visionary companies. New York: HarperCollins Publishers, 1994.

[184] Ranis G., Fei J. C. H., "A theory of economic development",

The American Economic Review, Vol. 51 (4), 1961, 533 – 565.

[185] Robbins, D. M., Trainees know about training trainers. Training and Development Journal, Alexandria, Vol. 44 (10), 1990, 12 – 14.

[186] Robinson J., The Economics of Imperfect Competition, London: Springer, 1969.

[187] Roll R., "Industrial Structure and the Comparative Behavior of International Stock Market Indices", The Journal of Finance, Vol. 47 (1): 1992, 3 – 42.

[188] Rosenstein – Rodan P. N., "Problems of industrialisation of eastern and south – eastern Europe", The Economic Journal, Vol. 53 (210 – 211), 1943, 202 – 211.

[189] Rostow W. W., Politics and the Stages of Growth, Cambridge: Cambridge University Press, 1971.

[190] Rostow W. W., The stages of growth: A non – communist manifesto, Cambridge: Cambridge University Press, 1960.

[191] Schultz T. W., "Investment in human capital", The American Economic Review, Vol. 51 (1), 1961, 1 – 17.

[192] Senge P. M., "The Fifth Discipline: the Art & Practice of the Learning Organization", performance + instruction, Vol. 30 (5), 1991, 37.

[193] Shionoya Y., "Patterns of Industrial Growth in the United States and Sweden – A Critique of Hoffmann's Hypothesis", Hitotsubashi Journal of Economics, Vol. 5 (1), 1964, 52 – 89.

[194] Sims C. A., "Money, income, and causality", The American economic review, Vol. 62, 1972, 540 – 552.

[195] Stoikov V., "Some Determinants of the Level of Frictional Unemployment: A Comparative Study", International Labor Review, Vol. 93 (5), 1966, 530 – 549.

[196] Stoneman P., "The Economics of Innovation and Technological Change", International Review of Applied Economics, Vol. 11 (2), 1995, 5 – 21.

[197] Syrquin M., Chenery H. B., "Three Decades of Industrialization", The World Bank Review, Vol. 3, 1989, 152 – 153.

[198] Timmer M. P., Szirmai A., "Productivity growth in Asian manufacturing: the structural bonus hypothesis examined", Structural change and economic dynamics, Vol. 11 (4), 2000, 371 – 392.

[199] Todaro M. P., "A model of labor migration and urban unemployment in less developed countries", The American economic review, Vol. 59 (1), 1969, 138 – 148.

[200] UNIDO, World industry since 1960: Progress and prospects, New York: United Nations, 1989.

[201] Uttethack J. M., The Dynamics of Product and Process Innovation in Industry, in Hill C. T. ed., Technology Innovation for a Dynamic Economy, New York: Pergamon Press, 1979.

[202] Vernon R., "International Investment and International Trade in the Product Cycle", The Quarterly Journal of Economics, Vol. 80 (2), 1996, 190 – 207.

[203] Vivarelli M., "The economics of technology and employment: theory and empirical evidence", Books, Vol. 57 (1), 1995, 142.

[204] Wold H., Encyclopedia of Statistical Sciences, New York: John Wiley & Sons, 1985, 581 – 591.

[205] Wold H., Soft modeling: the basic design and some extensions, North – Holland: Amsterdam, 1982, 1 – 54.

[206] Wright G., "The origins of American industrial success, 1879 – 1940", The American Economic Review, Vol. 80 (4), 1990, 651 – 668.

图书在版编目（CIP）数据

经济增长中的产业结构与就业结构/张抗私，周晓蒙著．—北京：经济科学出版社，2018.12

ISBN 978-7-5218-0159-0

Ⅰ.①经… Ⅱ.①张…②周… Ⅲ.①产业结构调整-关系-就业结构-研究-中国 Ⅳ.①F121.3②F249.2

中国版本图书馆 CIP 数据核字（2019）第 011835 号

责任编辑：齐伟娜　刘　颖
责任校对：王肖楠
技术编辑：李　鹏

经济增长中的产业结构与就业结构
张抗私　周晓蒙　著
经济科学出版社出版、发行　新华书店经销
社址：北京市海淀区阜成路甲 28 号　邮编：100142
总编部电话：010-88191217　发行部电话：010-88191540
网址：www.esp.com.cn
电子邮件：esp@esp.com.cn
天猫网店：经济科学出版社旗舰店
网址：http://jjkxcbs.tmall.com
北京季蜂印刷有限公司印装
710×1000　16 开　10 印张　160000 字
2019 年 1 月第 1 版　2019 年 1 月第 1 次印刷
ISBN 978-7-5218-0159-0　定价：42.00 元
（图书出现印装问题，本社负责调换。电话：010-88191510）